ストーリーで学ぶ
最強組織づくり

宿屋再生にゃんこ

播摩早苗

幻冬舎

ストーリーで学ぶ最強組織づくり

宿屋再生にゃんこ

播摩早苗

目次

館内案内図

アネックス棟

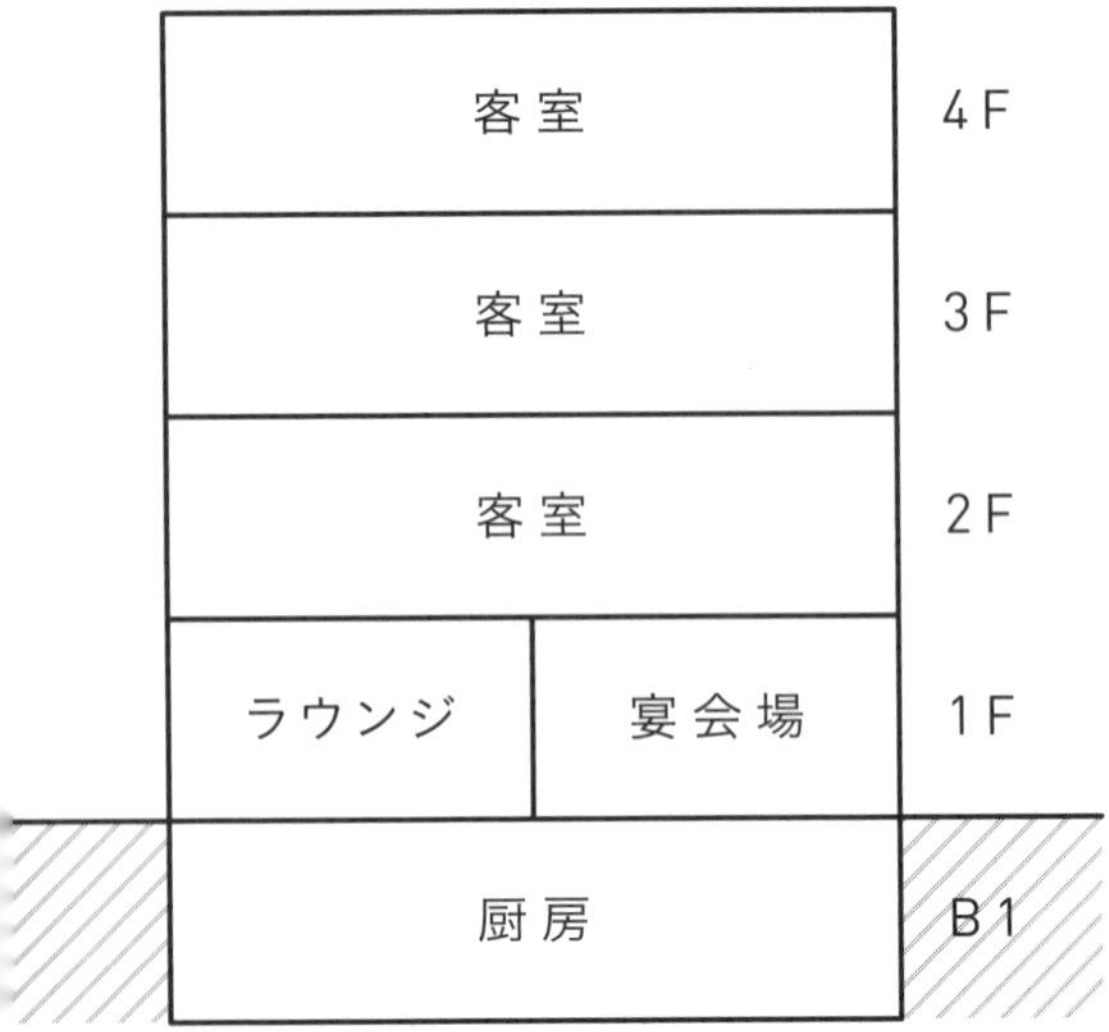

鳥楓亭の主なスタッフ

支配人……………甲《か》斐《い》永《え》理《り》子《こ》

宿泊部門

マネジャー………瀧《たき》本《もと》志《し》信《のぶ》
竹《たけ》田《だ》栞《しおり》
上《うえ》野《の》和《かず》彦《ひこ》
戸《と》川《がわ》あずさ

料飲部門

マネジャー………設《し》楽《たら》弘《ひろ》明《あき》
バーテンダー……小《お》澤《ざわ》みつる
バーテンダー……岩《いわ》崎《さき》里《り》奈《な》

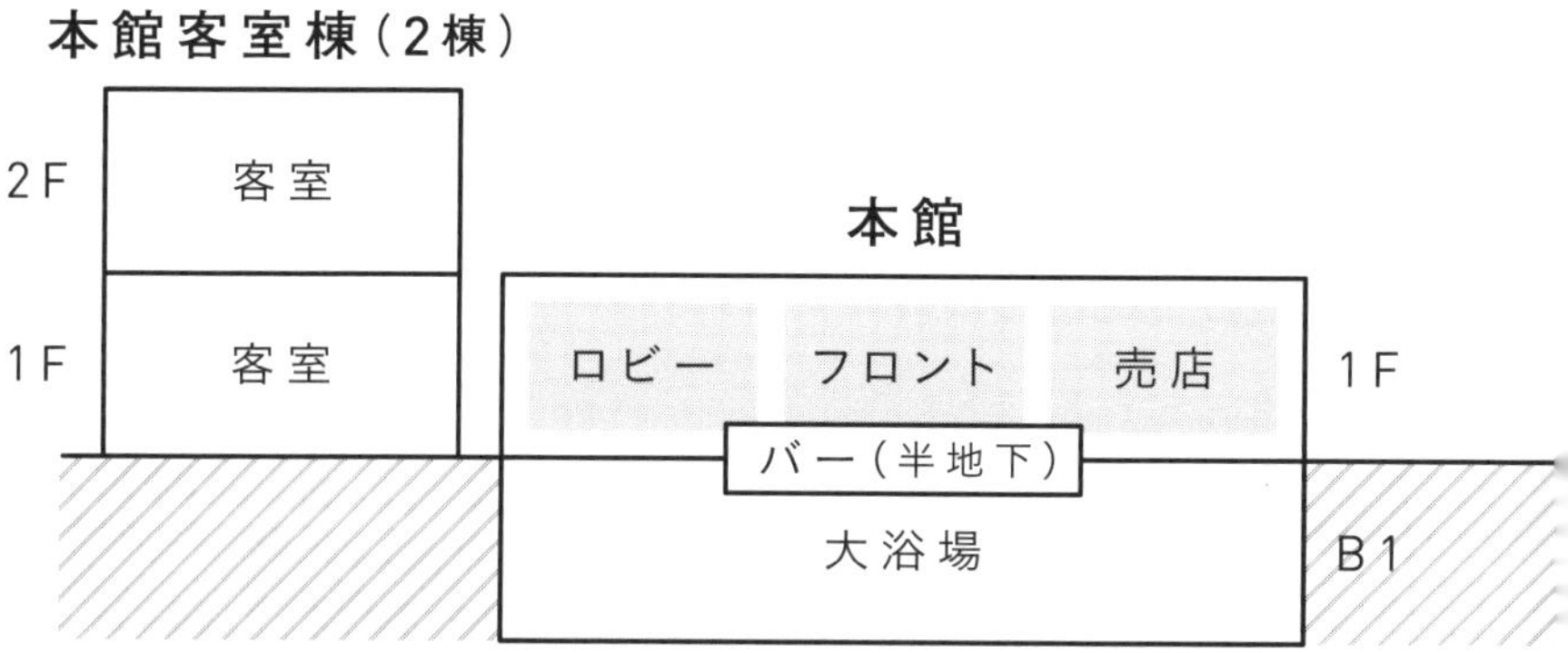

仲居……原《はら》田《だ》明《あけ》美《み》
仲居……中《なか》西《にし》麗《れい》子《こ》
仲居……森《もり》山《やま》幸《ゆき》穂《ほ》

料理部門

料理長……松《まつ》田《だ》市《いち》郎《ろう》
入《いり》江《え》孝《こう》太《た》
ソムチャ

オーナー……鳴海《なるみ》泰《たい》三《ぞう》

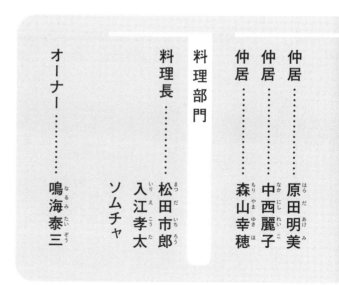

館内見取り図（1F）

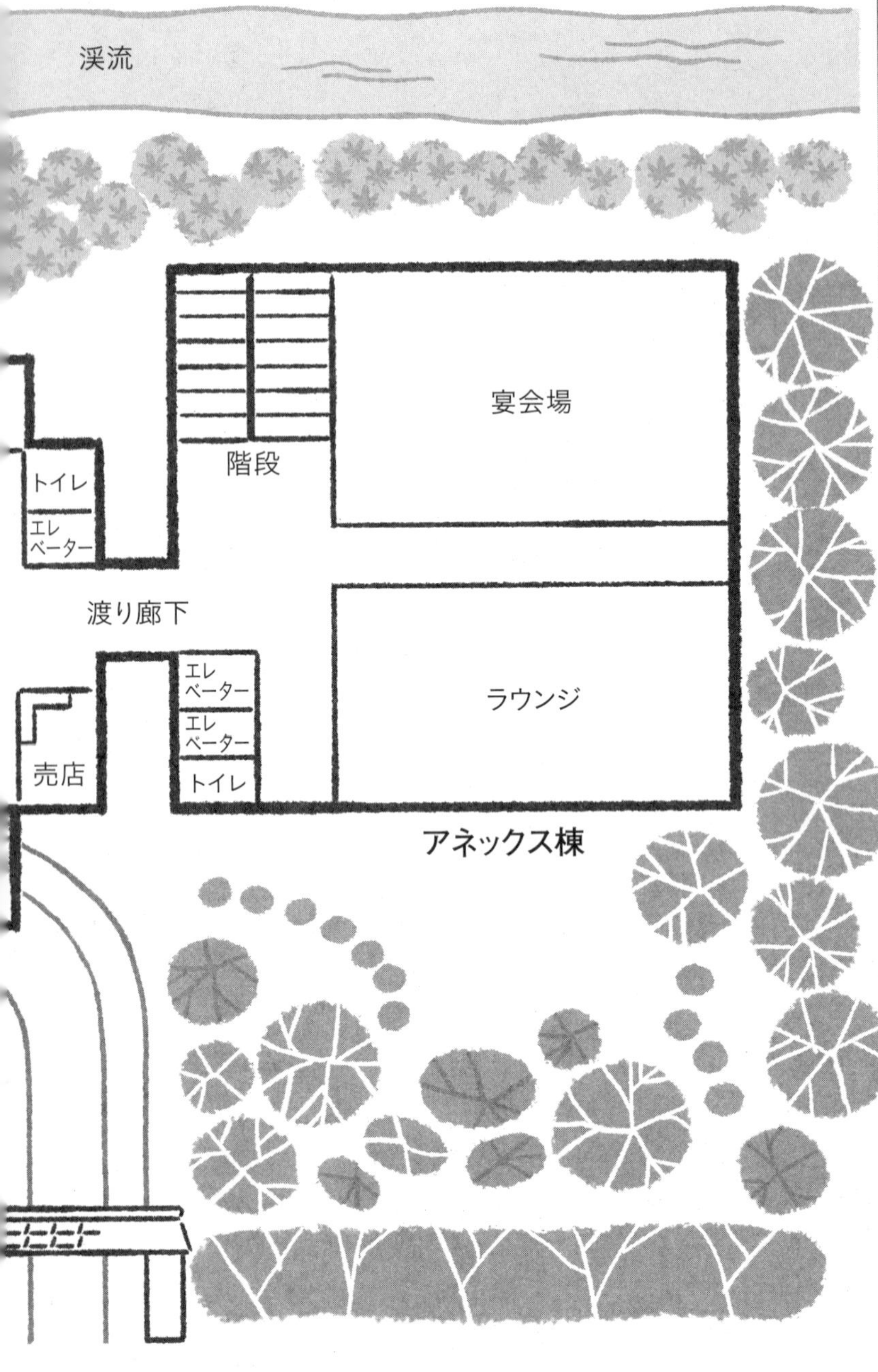

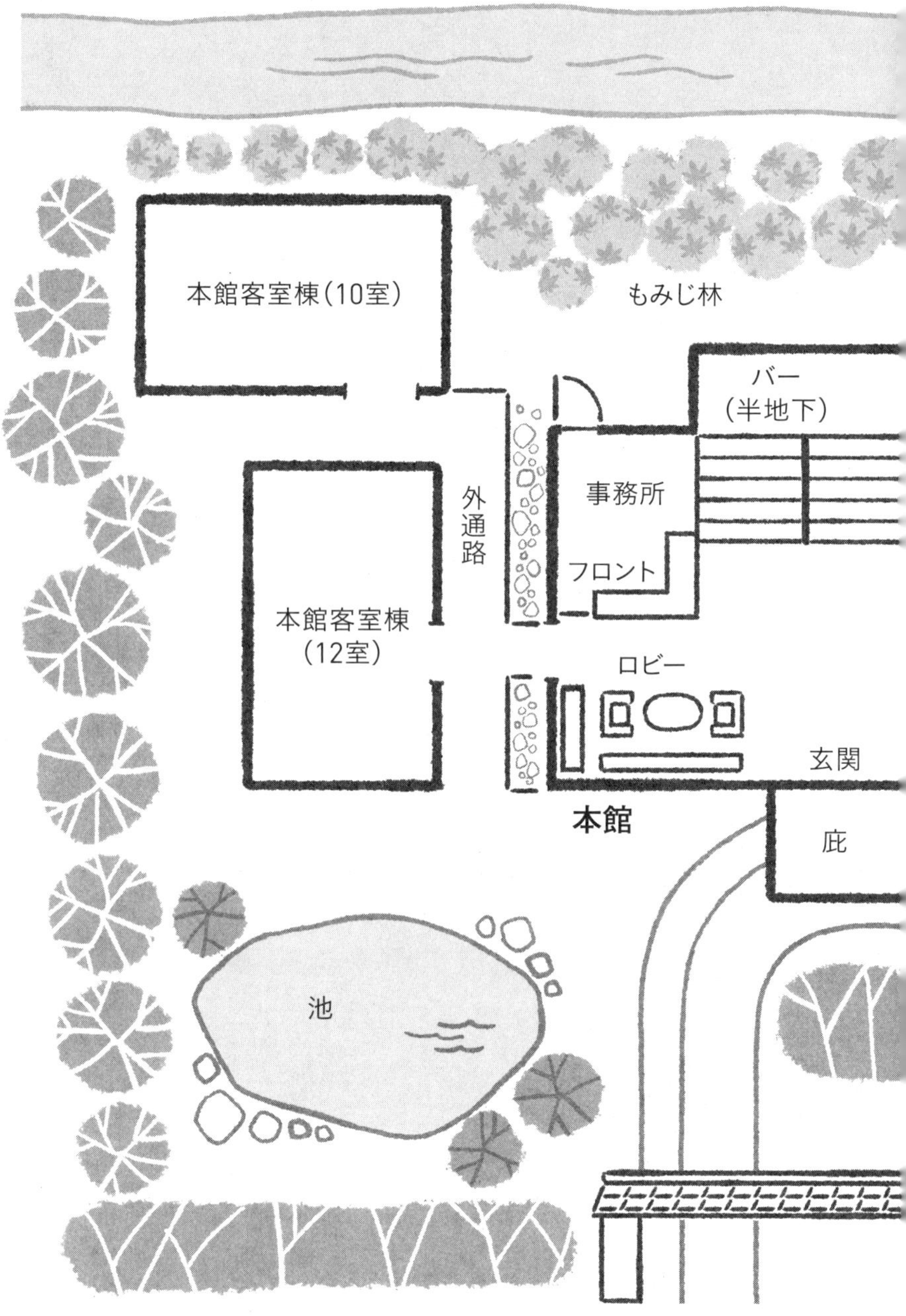
本館客室棟（10室）
もみじ林
バー
（半地下）
事務所
外通路
フロント
本館客室棟
（12室）
ロビー
玄関
本館
庇
池

1章

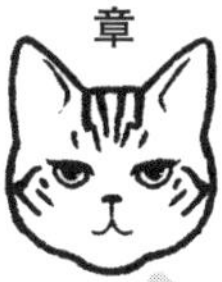

自分を変えな、成功せえへん

その宿は、日本有数の温泉地にあり、文人墨客《ぶんじんぼっかく》が愛した老舗だった。と言っても、創業当時のまま残っているのは庭園と名前だけ。建物はホテル形式の豪壮な鉄筋づくりに変わっていた。

「皆には、本当にすまない」

経営者は、二百人以上の従業員を前にして、ごま塩頭を深々と下げた。仲居たちがすすり泣く声が聞こえる。板前も白衣の袖で目をぬぐった。泣きたい気持ちは分かるが、ここで弱気になられては困るのだ。まだつぶれてはいない。これから一丸となって事業を再生していく矢先に湿っぽさは禁物だ。

私は、経営者のかたわらに駆け寄り、柔らかく微笑んでマイクを譲らせた。内心は奪い取りたいくらいだった。

「ＲＳＪの甲斐永理子《かいえりこ》です。皆さん、私たちがきっと再生してみせます！　本部の私からの指示に従ってください」

パラパラと拍手が聞こえたところには、ＲＳＪ社長の伊勢谷《いせや》と、営業担当の青島《あおしま》がいた。

吹き抜けの広いロビーが急に寒々として、私に向けられた従業員全員の顔が、見る間に青白く変わっていった。

「まずは、経費の削減から徹底してやってもらいます」

従業員の顔がとたんに反抗的なものに変わる。

「ＲＳＪの好きにされてたまるか」

「給料を下げたら、辞めてやる」

「老舗を守れ！」

怒りを超えた憎しみの表情で、不満の声が飛んでくる。

「皆さんは甘い！　まだまだです。とにかく、私の指示通りにやってください！」

私は大声を出したが、急にマイクから音が出なくなって、ハウリングしたようなキーンという機械音が耳をつんざいた。

私は焦って、何度も同じ言葉を繰り返した。「とにかく私の指示通りに……。とにかく……」

その声がまるで届いていないかのように、従業員は一斉に背を向け、ぞろぞろと出口へ向かい始めた。

「待って！」

皆、うなだれて死人のように進む。伊勢谷、青島の姿はもうない。

「待ちなさい!!」

私が叫んだそのとき、ロビーがいきなり薄暗くなり、従業員がくるりと振り向いた。

全員、目が血走り、皮膚の血管が浮き出て、手にはハンマーや刃物をもち、いきなり私に向かって襲い掛かってきた。血の滴る口から長い牙をむき出しにしている。これは、ゾンビだ、と瞬間的に思考が飛んだ。そのとき、

「こっちや！」

と言い、誰かが私の手を引いて走り出した。

真っ暗な道を疾走したが、底なし沼に足を取られ、一歩も進めなくなってしまう。

「早《はよ》う走らなあかんよ！」

私とつながっている誰かが振り返った。顔の半分ほどもある大きな目で、金色の光線を放っている。口は、デビルのように耳元まで裂けていた。

「キャー！」

自分の叫び声で、目が覚めた。

「夢だったのか……」

動悸が治まらずに心臓がどくどくと打つ音が続いた。ここがどこなのか、一瞬分からなくなっている。薄暗い部屋の窓が開いていて、外気が吹き込んできていた。

「そうだ。私、ヘルプに来ていたんだ」

旅荘華蓬《かほう》のリニュアルオープンに駆り出され、従業員寮に泊まっていたことを思い出した。

昼間、華蓬の従業員と些細なことで口論をした。そのイライラが続いていてなかなか寝つけず、部屋のテレビに接続してあったゲーム機で少しの間遊んだ。そこに登場したゾンビのキャラクターが夢にまで現れたのだ。

私の手を引いた、あの金色に光る目の正体は何だったんだろう。握った手の柔らかな感触だけが残っていた。


翌日の夕方、三日間のヘルプを終え、職場に戻った。

西新宿のビルに、私が六年前に入社した宿屋再生コンサルタント会社、レジオナル・サポート・ジャパン（ＲＳＪ）は入っている。

私のボスである伊勢谷諭《さとし》は、もともとリゾート地の物件を売買、仲介する不動産会社に勤務していた。その間、旅館やホテルが経営不振に陥るのを目の当たりにし、何とかしたいと考えて七年前、三十五歳で起業した。スタート時には事務の社員も加えて、たった七人だったそうだ。今ＲＳＪは、社員が百人以上にふくれあがり、業界でも名を知られる会社に成長していた。

ＲＳＪは日本各地の三十以上の施設とコンサル契約をしている。コンサル契約をすると、まずは財務の健全化を行なう。主に支出が適正かを細かくチェックするが、売り上げが向上すると踏めば、旅行予約サイトの連泊割引などの特別企画にも積極的に参加している。私も財政健全化の部署にいて、新宿の本部から八施設を担当している。

本部の別働隊は、集客窓口である旅館の公式ホームページの新設・見直しを行ない、集客のサポートをする。空室数を綿密にウォッチし、宿泊料金の設定も慎重に行なっている。また、宿屋に乗り込んで現場を仕切っている従業員も四十人近くいる。今回の華蓬のように、大規模な旅館を任されたときには、私たち内勤スタッフが現場のサポートに駆り出されるのだ。

パソコンに電源を入れたとたん、伊勢谷からミーティングブースに呼ばれた。

ブースには、営業担当の青島敏也《としや》と専務でナンバーツーの市川沙枝《いちかわさえ》がいた。沙枝は、

ＩＴ企業のＳＥだったが、伊勢谷に乞われて、創立メンバーに加わったという。控えめで、ひたむきに仕事をする姿勢が、部下たちに支持されている。

円卓についている面子《メンツ》を見ただけで、待っている話が読めた。

青島が取ってきた案件だろう。苦戦を強いられている旅館が再生できるかどうか、できるとしたらどのコンサルメニューを提案するか、黒字転向の目途が立つのはいつかなど、金にまつわることを訊ねられるのだ。

私は、新卒入社で四年間勤めた銀行から転職した。銀行では融資係にいた。決算書から融資の可否を読んでいくことをそのときに覚え、それを買われてＲＳＪに採用されたのだ。

「どう。この旅館？」

伊勢谷は、テーブルに置いた十冊のファイルを指さした。直近十年の決算書類だ。青島があとを引き取って続けた。

「経営者だった女将《おかみ》が亡くなってから、女将の夫がオーナーを継いで、半年は雇われ支配人がやっていたんだ。でも、その支配人も辞めちゃってさ……」

青島の説明よりも、数字のほうが頼りになる。私は新しい期から順に、決算報告書に素早く目を通した。

「甲斐さん、うちに来て何年だ」

伊勢谷が言って、沙枝が、六年ですと静かに答えた。書類を読むのに忙しく、私はそれに反応しなかった。

「僕ら同期入社ですよ」

青島が言い、伊勢谷が続けた。

「そうなの。甲斐さんのほうがキャリアが長い気がするね」

「へへ……。エリンギは仕事できすぎですから」

エリンギは私のあだ名だ。

「今回華蓬で、またガツンとやったらしいですよ」

青島は耳が早い。先日の華蓬での口論を話題にした。


ＲＳＪが再生を請け負った華蓬の、リニュアルオープンのヘルプに出向いた私は、外国人客の案内にあたっていた。

そのときロビーに、

「不衛生じゃないですか！」

女の声が響いた。険悪な表情でフロントの男性従業員に詰め寄っている。子連れ客のようだった。

女がしきりに指さす先には、オープンの目玉にしようと、ロビーに設《しつら》えたチョコレートファウンテンがあり、外国人の家族連れが群がって、母国語で騒いでいた。よく見ると、スティック状のクッキーをチョコレートにつけては食べ、つけては食べ、とやっている。チョコレートファウンテンは、上の皿からチョコレートが流れ落ち、再び汲み上げられて循環しているので、二度づけは確かに不衛生なのだが、外国人や子供はそんなことにはお構いなしだ。

私は、すぐさまその外国人観光客に二度づけをやめるように依頼した。

「不好意思《ブーハオイース》、请不《チンブ》要重复浸蘸《ヤオチョンフジンザン》」

説明すれば、どこの国の人も理解してくれる。二度づけはすぐに改まった。

苦情を言った女性客には、丁寧に頭を下げた。

「ありがとうございます。ご指摘いただきまして本当に助かりました！　私が責任をもってチョコレートを入れ替えますので、三十分後にお子様と一緒にお越しください」

急いで、ラウンジのワンドリンク無料券を二枚取り出して手渡した。

しばらくして、事務所に引き上げてきたフロントの従業員が、私につっけんどんに言った。

「甲斐さん、ドリンク券二枚というのは、どうなんでしょう」

長年この宿で働いている地元採用の男で、ＲＳＪに反感をもっていることは感じていた。

「どうなんでしょうって、どういう意味ですか？」

「ＲＳＪさんはわれわれには経費削減しろと言いながら、自分たちは大盤振る舞いですか」

私は、ムラムラと胸に怒りがこみ上げてきたが、押し殺して口を開いた。

「あの家族は、何人で来ていましたか？」

「五人連れですよ。あの母親に子供二人、じいさんばあさん！」

「そうですか。ドリンクを五人で注文した場合、支払いはおよそ四千円。二人無料分を引いても、売り上げは二千四百円。五杯分の原価は二百五十円。儲けは、二千百五十円です」

「でも、もし二人しかラウンジに来なかったら、原価の百円はマイナスですよね」

「百円のコストを使ったとしても、いい気分で帰っていただければ、それは次の来訪につながるんです」

そんな言い合いをしていると、フロント担当者数人が集まってきて、腕を組んで私を睨み据えた。華蓬は、必要以上の人員を雇用しているし、給与も驚くほど高い。彼らは債務を増やす元凶で、利益を食いつぶしていくまさにゾンビなのだ。目の前の敵意むき出しの従業員たちが、襲い掛かってきそうな気がした。

だが、私は怯まなかった。

「あの怒りを鎮めなければ、どういう口コミをアップするか分からないじゃないですか」

ＲＳＪでは口コミの重要性を従業員に徹底的に叩き込む。しかし老舗旅館は、ネットの口コミを軽視している。私は一層怒りを募らせた。

「社長、そこでエリンギはこう言ったんです。『ＲＳＪは、高い口コミ評価を経営資産として大切に扱っています。一朝一夕には得られないものですから、皆さんも大切にしてください』って。で、取り巻いていた従業員たちは、口をとがらせるだけで、誰も反論できなかったんですよ」

青島は、見てきたように伊勢谷に一部始終を話した。情報源は私と一緒にヘルプに行っていた他の社員だろう。

「そんなことがあったの？　まぁ、甲斐さんと議論して勝てる人はなかなかいないだろうね」

伊勢谷は、青島の話を面白そうに聞いていた。

私はパタンと音を立て、見ていたファイルを閉じた。

「社長、無理です」

手を出すべきではない案件だと私は確信した。

「甲斐さんが無理と判断する理由は？」

伊勢谷は、事業再生会社の社長にありそうな押しの強いところがなく、いつも温厚に笑っている。思慮深い伊勢谷のことを私は尊敬していた。

「明るい兆しがありません。オーナーにとっても売却がベストです」

借金残高が土地建物の評価額より低いのは、オーナーにとって不幸中の幸いだ。

低迷している旅館のオーナーは、債務が嵩《かさ》んでいく悪循環の出口が見えなくて苦しんでいる。だから、手の打ちようがあると聞けば、光を見出して、ＲＳＪと契約するのだ。

だが今回は、現場を切り盛りしてきた女将が亡くなった、という話だ。女将の夫である素人オーナーにとっては、稼業にかじりつくより売却のほうがずっと痛手が小さい。従業員は職を失うが、それは考えようによっては新しい人生に踏み出せる好機でもあるのだ。

「明るい兆しがないっていうのは？」

伊勢谷が質《ただ》した。

「まず、長期負債の割合が異常に高いですよね。しかもこの数年間元金が減っていません。利息だけ払ってきた。事業を続ける理由が見つかりません」

「だからうちに依頼が来たんです！」

青島が慌てて言った。

「稼働率が落ちて、利益のほとんどが吸い取られています」

「しかし、当社なら客室稼働率を改善できるでしょう！」

「一泊一人三万円以上ですよね。この価格帯は動きが鈍いです」

「そこにわが社の存在意義があるんじゃないですか。安全な案件だけやってたら、依頼主なんて現れませんよ！　社長、亡くなった女将の夫は、続けたいと言っています。いい顧客もついています！」

「まさか青島さん、ＲＳＪが必ず儲けさせますとか、安請け合いしたんじゃないですよね」

青島はウッと口ごもった。

「社長、これはやめましょう」

営業は、たとえ再生が厄介でも、受注してしまえば自分の成績の積み上げになる。だが、現場に乗り込む支配人や本部からオペレーションする私たちにとって、それははた迷惑な話なのだ。

そういった私の判断について、これまで伊勢谷も沙枝も信頼を寄せてくれていたし、今回も同意してくれるはずだった。

「ロケーションは魅力的よね。駅に近いし、渓流を挟んで山が見える。周囲は紅葉の林よ」

営業サイドの話にはめったに口を挟まない沙枝が言った。

「そうなんですよ。温泉も湯量が豊富で、美肌効果がある硫酸塩泉です」

青島が揉み手せんばかりに追従《ついしょう》した。

「建物も歴史を感じさせるつくりっすよ」

「古い建物は、補修にお金が掛かります」

私は青島の言葉を皆まで聞かず否定した。

「いや。ここは、堅牢です。古民家を移築したもので、梁は太いし、木の温かみがあって一度見たら魅了されますよ」

「とにかくこの案件は、危険です」

話を終わらせるつもりできっぱりと言った。

しばらく誰も声を出さない。いつもは折れる青島も、憮然として譲らない。

「どう。甲斐さん」

伊勢谷が沈黙を破った。

「ですから社長……」

伊勢谷が固執している理由が分からず、

「無理なものは、無理なんです！」

ついピリピリと反応してしまった。

「いや。そうじゃなくて。甲斐さん、やってみたら」

意図を摑めない。

「そろそろ経験してもいいでしょう」

「はぁっ？」

「支配人」

「えっ……」

「やってみよう」

「まさか。私がですか……」

絶句した。

これまで、本部から舵取りをして、老舗旅館やリゾートホテルを再生してきた。だが現場のマネジメント経験はない。

華蓬の従業員たちの顔が浮かんだ。沈没寸前の船に揺られ、修復しようともしないゾンビたち。過去のブランド力の上に胡坐《あぐら》をかいてきた一団を率いて建て直せるほど、この案件は甘くないだろう。

「旅館の再生は、日々のコストを細々と削っていくしかないんです。引き算なんです」

私は釈迦に説法と知りつつ、必死で伊勢谷に言った。

「この旅館は小さい利益を出しても、借金返済に飲み込まれています」

「知恵を出せば、やりようがあるでしょう」

「お言葉ですが、もう焼け石に水です」

「コスト削減は重要だし、甲斐さんはそれに関しては一流だ。でもね、それは再生の一面でしょ」

「一面ですか⁉」

伊勢谷の口からそんな言葉が出たことに、私は落胆した。これまで私はコスト削減のために、現場から憎まれることを厭《いと》わず、「甲斐永理子は地球外生物だ」と陰口を叩かれながらオペレーションしてきたのだ。そんな私の労苦には頓着せずに、伊勢谷は鷹揚に笑っている。

「現場でね、マネジメントしてごらん。大胆にね。甲斐さんならできるから」

空々しく聞こえた伊勢谷の励ましだが、反論する言葉は見つからなかった。

結局私は、数週間後には身の回りの荷物をまとめてその温泉地に向かっていた。

東京から二時間の鉄道旅を終え、ローカル線の短いホームに降り立ったとたん、草いきれと土の匂いがした。

改札を出ると数軒の土産物店が並んでいて、その前を、外湯巡りをする旅行客たちが、浴衣に縕袍《どてら》姿で歩いている。温泉地独特の緩く野暮ったい雰囲気のなかで、スーツ姿の私は恥ずかしいほど浮いていた。

ほんの数軒の商店街を抜け、最初の角を曲がって、緩やかな坂道を上った。

この一週間、毎日睨み続けてきた鳥楓亭《ちょうふうてい》の帳簿を思い出した。一の位の数字までまぶたの裏に焼きついている。十五年前に行なわれた、宴会場を備えたアネックス（別館）の増築が、その後の経営を圧迫していた。

「旅行代理店に踊らされてアネックスをつくったのがつまずきの始まりよ」

つい独り言が口から漏れる。

そのころから、店舗型旅行代理店はかつてほどの集客力がなくなる。お客は、代理店を通さず自らインターネットで申し込むようになったのだ。今は客単価の高い宿ほど、知恵を絞って、個人客に選んでもらえる魅力を前面に出さなければならない。

鳥楓亭は、そんな市場と噛み合っていない、時代に取り残される要素をたっぷり抱えている旅館だった。

「今どき、宴会場を使う団体旅行なんて、年に何回あるっていうのよ」

衰退する旅館は、どこも驚くほどお客の変化に鈍感だった。

坂道から細い路地に入り、ほんの少し歩くと、深い木立に囲まれている鳥楓亭が見えた。駅から徒歩二分という好立地で、丘の斜面にあり、目の前には沢が流れている。

本館には二十二室の和室と大浴場がある。確かに本物の木造建築の趣きだ。青緑の屋根瓦が江戸屋敷を彷彿させ、その構えから非日常に誘ってくれる。

手前の隣地にあるのが問題のアネックスだ。七十坪ほどの敷地に五層の鉄筋コンクリート建築で、三十八室の和洋室、宴会場、ラウンジという構成だ。このアネックスの建築費用として女将は、当時としては高い年利で、五億円近い金を地元の潮風《しおかぜ》信用金庫に借りた。採算が取れたのは、アネックス建築から十年弱の間で、元利ともに返済したのはその間のみ。その後利息だけは支払っていたが、元金返済は滞っていた。前年、女将が急死し、借金は連帯保証人である夫が受け継いだ。

人通りの少ない小路で、二匹の猫がのんびりと日向ぼっこしていて、私が横を通っても逃げようとしなかった。

綺麗に刈り込まれたサザンカの生垣前に高級車が停まっていた。その運転席から男が降りた。鳥楓亭のオーナーの鳴海泰三《なるみたいぞう》だとすぐに分かった。七十代だと聞いていたが、筋肉質の長身で、まだまだ現役の仕事人という雰囲気だ。青島も助手席のドアを開けて出てきた。ここで私と待ち合わせをしていたのだ。青島は、その調子のよさからすっかり鳴海の懐に入っているようだ。

「鳴海さん、この者が支配人として着任した甲斐永理子です」

青島が、まるで私の上司であるかのように言った。

鳴海は、三十年以上鳥楓亭を経営してきた女将の夫だ。水産加工会社を経営している。妻が亡くなって初めて、借金の返済が滞っていることを知ったらしい。鳴海本人は、宿屋の経営については素人で、この半年は雇いの支配人に任せてきたが、潮風信金への返済に粗利が吸い取られ、鳴海の本業からの持ち出しが続いた。

土地建物を売却すれば鳴海の借金はチャラになるが、再生の可能性に賭けたいと、RSJとコンサル契約を結んだのだった。

私たちにとって、お客は旅館の利用者ではない。このオーナーなのだ。

「はじめまして。甲斐です」

「どうかよろしくたのんますよ」

鳴海は、握手とは言えない強引さで私の手を握った。

「青島さんが、信じてくださいって言ってくれたから、売却を見合わせたんだよ」

やっぱり。青島は甘い口説《くぜつ》で鳴海にウンと言わせたのだ。

「青島さん、言っちゃなんだが、こんなかわいいおねえちゃんが宿屋の従業員を監督できるのかね。待てるのは半年だよ」

鳴海とＲＳＪのマーケティング部門は、潮風信金に連名で返済計画案を提出した。人員の削減、経費の縮減、ネットによる集客の改善によって、粗利率を上げていくという正攻法のプランだった。潮風信金は、抵当権の実行を半年待つと譲歩してくれたのだ。鳴海が半年に拘《こだわ》るのは、そういうことだ。私はこれから、その計画を粛々と進め、鳴海の期待を満たさなければならない。

「じゃ、私は……」

と鳴海は車のドアを開けた。

「え、帰ってしまうんですか？」

「この宿のことはあんたに任せた。念を押すけど、半年だよ」

鳴海はそれだけを言い残し、細い坂道ばかりのこの街に不似合いな大型の車で走り去った。

「どうして？」

「鳥楓亭のこと、あまり好きじゃないみたいだね」

青島が意味ありげに答えた。

果たして半年で黒字化できるのか。リストラをして一部の従業員に泣いてもらうのも、全滅よりはいいと、私は厳しい策も心に秘めていた。

青島に案内され、館内に入った。秋分の日を過ぎても蒸し暑さが続いていたが、玄関に入るとひんやりとした。

本館ロビーは天井が高く、太い梁《はり》と柱は黒光りしている。壁の漆喰、天然石張りの床、どれを取っても豪奢で、確かに魅了された。外光を遮ったつくりで、足元のランタンに入っている灯りが、幻想的な非日常を演出している。

階段を降りた半地下には小ぢんまりとしたバーがあり、張りだしの天井が窓になっていて、周囲の紅葉林を眺められる。

委託会社が客室の清掃作業に入り、従業員が一息つく時間帯で、本館内はひっそりとしている。まずは、中庭から外通路に出て、別棟の客室を回った。和室の二間続きで、富裕層が好む古めかしいたたずまいだ。押し入れをチェックすると、布団は清潔なカバーでくるまれている。合格点だった。

続いて向かったアネックスの客室は、和洋室で次の間に和ベッドがあるモダンなつくりだ。

全室部屋食で、厨房はアネックスの地階にある。その上には広い宴会場があるが、今はほとんど使われることがないと青島から聞いていた。アネックスの一階にはラウンジもあるが、これもほぼ休眠状態だった。

私は、これから私の指示のもとで働く従業員をアネックスの宴会場に集合させた。鳥楓亭の再生は、これまで本部から現場を動かしてきた私のやり方が間違っていなかったことを証明する場なのだ。とにかく従業員には、徹底したコスト管理をもとにしたRSJのオペレーション通りに動いてもらわなければならない。

すべての従業員を出社させたので、三十四人が畳敷きの宴会場に整列していた。その表情には不安とかすかな諦めが漂っている。

瀕死の旅館の従業員はどこも被害者意識の塊だった。せっぱ詰まったオーナーの選択によりRSJの社員が乗り込んでいくと、全員がまるで蹂躙《じゅうりん》されたかのようにビクビクしている。

だが、彼らにもの柔らかな挨拶は禁忌だ。たとえ憎まれても、油断させず、危機意識を醸成しなければならない。

「今日から支配人を務めます、甲斐永理子です」

期待はしていなかったが、そこには笑顔もウェルカムの拍手もない。

「この館《やかた》の平均稼働率と月間売り上げ額を知っていますか？」

私が質問すると、指名されることを恐れて、何人かがうつむいた。たいがいのものは、きょとんとしている。従業員たちはこんな瀬戸際になっても、財務状況に無関心なのだ。

「稼働率二十五％以下。月間売り上げ平均三千四百万。普通ならそこから固定費、経費を引いても、単純計算でマイナスにはなりません」

いきなり数字の話をされて、三十四人は何が起こるのかという様子で顔を上げた。

「ところが粗利は借金の利息に吸い取られている。分かりますか？」

こんな衝撃的な話にも、気持ちが揺らいでいないことが、彼らの目から伝わった。支配人の首がすげ替えられ、後釜が小言を言い始めただけだと捉えている。

宿屋の事業再生を行なって六年、正直、苛立ちをいつも心に抱いていた。金融機関への返済が焦げついて倒産寸前にもかかわらず、従業員は部屋の稼働率が何パーセント以上になれば粗利がプラスになるか、経費をどんぶり勘定で使っていたらどうなるか、簡単な計算すらしようとしないのだ。

彼らにこのまま傍観者でいられたら、ここは建て直せない。

「とにかく経費を削り、稼働率を最低六十五％以上に上げていかなければならないんです」

私は、気を吐いて訓示を述べたが、従業員には響いていないようだった。

「もし、再生の目途が立たなければ、人員削減ということになります」

スイッチが入ったように一同の表情が変わった。

「ですから、経費削減のプランがあれば、どうぞ進言してください」

固い空気のなか、隣同士ひそひそと話し始めたが、プランを述べるものはいなかった。

すると男が、おずおずと手を挙げた。バーテンダーの小澤《おざわ》みつるだと、青島が横から耳打ちし、従業員名簿を差し出した。

本部の営業部隊は経営改善のための下調べを行なってきたのだ。名簿の備考欄には人物情報が書き込まれている。

「私たちはずっと、経営に口を出すな、と言われてきました」

小澤はバーに似合いのいわゆるイケメンだった。料理のサービスを行なう料飲《りよういん》部門の所属で、ワインや日本酒の仕入れも行なっていると、青島がつけ足した。

前支配人は、経営に口を出すなと言ってマネジメントしてきたのだろう。その支配人は、辞表を残して姿を消していた。

「小澤さん、料飲部門は、誰を中心に動いているのですか？」

「誰って……」

「会議は誰が招集するのですか？」

「えっ。会議で何かを話し合ったりすることはないです」

瀕死の宿屋はどこもそうだった。従業員に、何か手を打とうという気力が残っていないのだ。しかも、経営に口を出すなと言われてきたなかで、生産的な会議が行なわれるはずもない。

この無関心・無気力の風土は怖いものだ。それが組織を硬直化させていると、皆が何とはなしに気づいているのに、染みついてしまって変えられずにいる。

「あっ、シフトをつくっているのは、設楽《したら》さんです」

小澤からやっと上司の名が出てきた。

料飲部門の責任者は設楽弘明《ひろあき》だと、青島が言った。目の前のスタッフのうち誰が設楽なのか、私には分からなかった。

「小澤さん、私は経営に口を出すなと言うつもりはありません。皆さんには、まず経営の実情を理解してもらわなければならないんです」

皆が、嫌悪感をあらわにした。経営状態が厳しいことは分かっていても、その現実を受け入れる勇気がないのだ。私は、それには構わず指示を繰り返した。

「では、経費削減策を料飲、料理、宿泊部門の責任者を中心に話し合ってください。一週間以内に会議をもち、報告を上げてください」

「あの。ちょっといいですか」

声を出した男は瀧本志信《たきもとしのぶ》だと、青島が言った。予約とフロント業務、事務を担当する宿泊部門のマネジャーで、前支配人が去ってから支配人代行をしてきた。三十代半ばという年齢の割にどこか不遜で扱い方が分からない、という情報を事前に青島から得ている。確かに腹に一物ありそうな面構《つらがま》えだった。私は脳内の人物ファイルに「要注意」のピンを立て、何を話すのか身構えた。

「われわれが削減策を考えるなんて、できないですよ。だからＲＳＪさんが来たんでしょう。面倒くさいことを言わずに、手っ取り早く教えてください」

おお、という声が漏れて、全員が同意していることが伝わった。四の五の言わずやり方を教えろと訴えている。

そんな魔法のような再生策があるのなら、誰も苦労しない。

改めて、三十四人の顔を見た。帳簿には映し出されていない厄介な人的資源が、目の前に整列していた。依存という病に罹患しているこの集団の意識をどうやって変えるか、私は何のプランももっていなかった。伊勢谷が「そろそろ経験してもいいでしょう」と支配人を命じた声が耳によみがえる。

「私たち、どうなるんでしょうかね」

バーテンダーの小澤が呟くように言った。

「小澤さんはバーが残るかどうかだけが心配なんでしょ」

声を出した女は、和装のユニフォーム姿の仲居だ。

「仲居はいいよね。職場がなくなることはないからさ」

「何言ってんのよ。仲居は一番先にリストラの対象になるのよ」

小澤と仲居が無秩序に会話をしたのを機に、全体がざわざわとなった。

各部門で、経費削減プランを出すようにと再度命じてこの会は終了になった。青島が自分の仕事はここまでだというように宴会場から出て行くのを見て、恨みがましい気持ちがふくれあがり、のど元に不快な塊となった。

宴会場の隣にあるラウンジに、料理長の松田《まつだ》市郎《いちろう》と瀧本、そして設楽の三人を連れて移った。

事前に目を通した松田の履歴書には、三ツ星ホテルで修業したと記述されていた。四十五歳で、鳥楓亭に来たのは八年前だ。

和食も器用にこなせ、華やかな懐石風フレンチが好評を得ている。厨房には他に七人の料理人がいる。

小澤が上司と認識していなかった設楽は、バーテンダーと仲居たちの管理者だが、本人にもその自覚はないようだった。新卒で地元の電鉄会社に勤務したが、二年足らずで鳥楓亭に転職した。愛想笑い一つしない朴訥とした男だった。

「旅館は、部屋と料理です」

私がそう口火を切ると、色黒の松田は頬を片側だけ緩めて、満足げな顔をした。

「新しい予約からレストラン食に移行します。アネックスの宴会場をレストランにする改修工事には、あさってから入ります」

「いいんじゃないですか」

松田に異論はなさそうだった。料理人にとっては部屋食よりも、厨房に近いレストラン食のほうが望ましいはずだ。

「目下のところ、すぐに経費削減できるのは食材などの仕入れです。ですから、購買はＲＳＪの地域担当者が行ないます」

えっ、と声を出して松田が目をむいた。

「食材の質を落とされるのは困るよ。お客も料理でうちを選んでくれてるからね」

「質を落とすとは言っていません。購入先を変えるだけです。それだけでコストが下がります」

「納得いきませんね」

松田は、同意を強要するように瀧本と設楽をじろりと見たが、二人は口を挟まない。

「何が納得できないんでしょうか？」

私は、率直に質した。

「そりゃあ、味のことですから、素人には説明できません」

「食べるのは素人です」

「そういう話じゃないんですよ！　分かんないかなぁ。人の味覚は正直なんです。とくにうちに来るお客は、そうなんですよ。それでこの八年、やっと持ちこたえてきたんだ」

松田が何と言おうと、食材の仕入れはエリア担当が行なわなければならない。とくに米と肉は仕入れ高が多く、経費削減策の第一歩だ。ＲＳＪのその方針は決して変えられない。

私は、松田の言い分を無視して、話題を変えた。

「前もってお伝えしてありますが、従業員全員が、ＲＳＪの給料規定に合わせてもらうことになります」

賃金台帳で確認した鳥楓亭の給与総額は驚くほど高かった。なかでも目の前にいる松田、瀧本、設楽は異常だ。亡くなった女将は事あるごとに給料の上乗せをし、彼らを引きとめてきたのだろう。そして前支配人は、そこにさらにお手盛りをした。二人とも経営者としては、まったくもって失格だった。

ＲＳＪの給料規定に合わせることは、どんなに抵抗があろうとも、私がマストでやらなければならない任務だ。

「そんな話、同意してないよ！」

松田が、吐き出すように言って、続けた。

「辞めるものが出てきますよ。今、人を雇うのは大変だ。人が少なくなって忙しくなれば、また辞める。鳥楓亭は回らなくなりますよ！　俺だって分からない」

退職を辞さない、という脅しの口ぶりだ。瀧本はそれがもともとの顔なのか、醒めた表情で口をつぐんでいた。

「仲居も……。働き口はいくらでもあるんで……」

設楽は、もごもごと言った。抗弁は松田に任せておきたいというのが正直なところのようだ。

「辞めていただいて構いません」

私は、三人に毅然として言った。規定給料への減額は、新規の再生現場で最初に飲ませなければならない条件だ。ここで怯んでは、再生がうまくいかないことを私は熟知している。

「書類は各々に用意しています。説明は本部の人事課のものが個別に行ない、納得していただいた上で労働条件書と面談記録に捺印していただきます。辞めると言った場合は引きとめないでください。腐って居残られてもマイナスになるだけですから」

私は、目の前の三人に伝えたいメッセージを、他の従業員の話として言った。暗鬱な空気のなか、三人は押し黙った。

覚悟していたことだが赴任一日目に、部門長たちとの対立が表面化した。


私にあてがわれた住まいは、鳥楓亭から歩いて十分のRSJの社員寮だった。企業が手放した保養所を社員寮にしている。初日の勤務を終えて初めて寮に行った。

田舎の保養所らしく、道路との境界があいまいな敷地に、コンクリートづくりの二階建てがあった。砂利の敷かれた場所が十台ほど停められる駐車場になっていて、この日は自家用車が三台停まっていた。

RSJはこの温泉地の再生をすでに四軒行なっていて、支配人やサービス部門の社員十人ほどが、この寮に住んでいる。

エントランスから入ると、かつてロビー兼食堂だったスペースがあって、小さなダウンライトの光だけが空間をぼんやり照らしていた。

食堂のカウンターの陰で、何かが動く気配がした。

「誰かいるんですか？」

私はビクリとして声を出したが、返事はなかった。

灯りをつけると、ロビーの片隅に、私が慌ただしくまとめて発送した段ボール箱が積まれていた。裏口に台車を見つけてロビーまで転がしていると、

「こんばんは！」

背後から声を掛けられた。

「鳥楓亭の甲斐さんですね」

和やかな笑顔で若い男が立っている。

「はい。甲斐です。あなたは……」

「僕、石橋晴通《いしばしはるみち》です。エリアの購買をやっています。普段は蛍雪園《けいせつえん》にいます」

蛍雪園も、RSJの再生先だ。百五十室以上あるホテル形式の温泉旅館で、債務ごとRSJが買い取って運営している、いわば直営店だ。

「甲斐さんの異動のことは、青島さんから聞いています。……手伝いますよ」

石橋は軽い身のこなしで、台車に段ボール箱と布団袋を積み上げた。

寮は個室で、十畳ほどのダイニングルームにはユニットバスのでっぱりがあり、簡単な

キッチンもある。テレビ、冷蔵庫、ソファーなどが備えつけになっていた。次の間だったところにつくりつけのベッドがあり、裸のマットレスが見えた。リノベーション後未入居だったらしく、室内は真新しい。

石橋が、部屋の隅に荷物を積み上げてくれた。

「夕飯、まだでしょう。ちょっと待っててください」

そう言うと、自室に戻り、わずか五分ほどで手作りのサンドイッチと、缶ビールをもってきた。

「僕、入社二年目で今三十五です。ＲＳＪに採用になる前は六本木のカフェでマネジャーをしてたんです。ちょっとした料理はつくれるんですよ」

グラスを私に寄越し、ビールをなみなみと注いでくれた。私たちは、立ったまま軽く乾杯をした。石橋の親しみやすさ、フットワークのよさはまさに接客業にうってつけだった。

「甲斐さんは、本部でガンガンやってらしたそうですね」

サンドイッチを頬張りながら、石橋は笑った。

「このへんのＲＳＪ系列の宿では有名ですよ」

そのとき部屋のドアに何かがぶつかった。

「えっ！」

私の驚きをよそに、石橋は平然としている。

「オカミ。入っていいよ」

オカミと呼ばれて、わずかに開けていたドアの隙間から入ってきたのは、猫だった。

「猫、大丈夫ですか？」

「ええ、まぁ。石橋さんが飼っているんですか？」

シルバーと黒のトラ模様の猫が、モンローウォークで私たちのほうにやってきた。まったく警戒していない。むしろ我が物顔だ。

「この寮に棲みついているんですよ」

「オカミっていう名前なんですか？」

「ええ。みんなそう呼んでます。あちこちで餌をもらって、ちょっと太り気味です」

確かに、胴回りには貫禄があった。オカミはベッドに一飛びで乗り、シーツの掛かっていないマットで前足の爪を研ぎ始めた。

「オカミ、ダメだ！」

ダメという言葉が分かるのか、猫は石橋の顔をチラと見て出窓の桟に飛び移った。

「甲斐さんの部屋が気に入ったみたいですね」

「そう言えば入ってきたとき、ロビーに気配がありました」

「ああ。きっとこの子ですよ。迎えに出たんだ」

石橋は、オカミが寮の住人にいかに愛されているかを説明した。

私は、猫には興味をもてなかった。内心は、ただただ早く再生をやり遂げたいと、逸《はや》るばかりだ。「ガンガンやっている」と陰口を叩かれても、とにかく成果を出して、この温泉地の支配人から足を洗いたい。次は、昇格して本部に戻されるだろう。

石橋が、足りないものがあったら声を掛けてください、と言い残して部屋から出て行くと、一杯飲んだだけのビールが利いて、急に睡魔に襲われた。


ニャーというオカミの声で薄目を開けると、私は灯りをつけたままベッドに突っ伏していた。どのくらい寝ていたのだろう。多分真夜中だ。近くの草むらからジリッ、ジリッという虫の音が聞こえてくる。東京の喧騒に慣れている私には、怖いくらいの静寂だった。

オカミは軽い身のこなしで、ベッドに飛び乗った。

「オカミちゃん、まだいたの？」

「あたしの名前、オカミじゃないんよ」

「えっ！」

目の前の猫がしゃべっていた。

「う、嘘でしょ……」

狭い部屋を見回した。私とオカミだけだ。オカミは、陶器の置物のように行儀よく前足を揃え、長い尻尾を体に巻いて座っている。

「オカミ、まさか……」

「だから、オカミじゃないねん。あたしの名前」

「なんで……」

「なんで猫がしゃべるんかって思ってるんやなぁ」

私は、オカミの顔をまじまじと見た。

「だって、猫でしょう」

「厳密に言うとなぁ、あたしが言葉をしゃべっているわけやなく、あんたとあたしの周波数が合っちゃったゆうか……」

「はあっ⁉」

「大きな声を出さへんの。他の人にはあたしの声は聞こえてへんのやから」

私は、疲れているのだ。そうだ。夢かもしれない。リアルな夢だ。金縛りの一種かもしれない。

「金縛りとちゃうでぇ」

「えっ、思っていることも分かるの？」

「周波数が一致してるゆうとるやろ」

「オカミ……」

「だからぁ、オカミじゃないんやて。あたしの名前」

「何ていう名前？」

「あたしの名前は、ジェニファー」

「えっ。外国人？」

「そゆことや」

「なんで関西弁なの？」

「いろいろ事情があるねん。とにかく、ジェニファーって呼んでや」

ジェニファーは、ガラス玉のように透明な目を光らせた。その輝きに見覚えがあった。

「あっ！　夢に出てきた、あのときの……」

襲い掛かるゾンビの群れから私を救出してくれたあの金色に光る目だった。

「そんなことは知らん。予知夢でも見たんやないか」

私は、夢と、現実と、話す猫に混乱した。

「永理子さん、これからほんまもんのゾンビにもみくちゃにされるでぇ」

不意に切り込まれた。

「ど、どういうこと？」

「いろんなことが起こるゆうこっちゃ。優等生でやってこられたのはここまでや」

「なっ、何言ってるの？」

ゴールドの目に催眠術を掛けられたように身動きできなくなった。

「いっぺん泥かぶったらええがな。自分を変えな、成功せえへん」

ジェニファーの言葉が私を縛った。

「分かったら、もう今夜は寝よか。ハイ、お休み」

ジェニファーは、ベッドに寝そべって眠ってしまった。


二日目、出勤途中でしゃべる猫のことを思い返した。あれは夢だったのだろう。

夢の猫は「優等生でやってこられたのはここまでや」と言っていた。実は、それはすごく怖い言葉だった。私の胸の奥にずっと重く存在していた予感で、しかしそこから目をそらしていたのだった。

「自分を変えな、成功せえへん」という話も妙に説得力をもって残っている。ここに来て、自分をどう変えたらいいのだ。私のなかで急に自信が萎み、心許なさが増幅した。

ダメだ、ダメだ。行なうべき施策はきっちり計画してある。とにかく従業員に言うことを聞かせ、早く進めなければならない。私は鳥楓亭の前に来て、夢の猫のことを無理やり頭の隅に追いやった。

昼過ぎに青島がやってきた。本部がつくった公式ホームページが完成したので、端末ソフトの使い方をスタッフに説明しに来たのだ。

「前から聞こうと思ってたんだけど、青島が私を推したの？」

駐車場から事務所まで歩きながら訊ねた。

「まさか！　社長の独断だよ」

「本当？」

「実は、ちょっと前にも、甲斐さんに合うところないかなぁって……」

私の赴任は、伊勢谷の判断のようだった。しかし私は、いまだにその意図を測りかねていた。

「で、なんで青島が来るの？」

「顧客サービスの一環ですよ。俺は、管理ソフトには精通しているしね。エリンギに勝てるとこは、たった一年の現場経験だけ」

青島の来訪に、私は正直ほっとしていた。前日のアウェイの空気に早くも飲まれていたのだ。

フロントのバックヤードに宿泊部門の事務所がある。表側の重厚さとは真逆の殺風景な部屋だ。パソコンが置かれた事務机が島になり、窓際に支配人用の机があった。パーティションで区切られた応接ブースには、安っぽい八人掛けのテーブルとパイプ椅子、ソファーがあり、埃をかぶっていた。どこの宿屋も、お客の目のないところはこんなものだった。

青島は、宿泊担当でこの日出勤している瀧本と竹田栞《たけだしおり》、上野和彦《うえのかずひこ》、戸川《とがわ》あずさに、新しい端末ソフトの使い方を説明した。宿泊担当者は、フロント業務に加え、事務と予約管理も行なっている。

全員がそれぞれの席で、青島の指示通り新しい予約ソフトを操作し始めた。

「竹田さん、毎日の入金や出金は、この画面に入力してください」

「はい。ああ、予約のページと連動しているんですね」

専門学校を卒業したばかりの栞は、私を前にするとろくに挨拶もできないほど固くなっていたが、和やかな青島には緊張を緩めているようだった。

「上野さん、電話予約の管理は、ここに人数を入れて……。こうです。分かりますか？」

「ああ。分かりやすいッスね」

上野は専門学校を出てすぐに、鳥楓亭に就職した生え抜きだ。六年勤めているこの小さな旅館しか知らない。若者特有の言葉づかいが気になったが、覚えは速いようだった。

「これまでネット系の集客はされていたんですか？」

青島が、瀧本に聞いた。

「一社だけです。あまりプラスになっていませんが……」

信じられない話だが、鳥楓亭は今まで公式のホームページをもたず、店舗型の旅行代理店と、個人顧客と、旅行予約ウェブサイト「じゃぱん」だけが営業チャネルだったのだ。

「それは、どちらですか？」

青島はなぜか、聞くに及ばずのことを瀧本に質問した。

「『じゃぱん』です」

「そうですか。サイトの使い方は、基本的にじゃぱんさんと同じです。ここからログインして。……たとえば残室なんかは、こうやって調整できます」

「ああ。簡単ですね」

瀧本も、青島の説明を素直に受け入れていた。

「リアル代理店さんの人数確定待ちのときなんかは、残室を少なくしておいて、様子を見たほうがいいですね」

「はい。すでにやっているので、それは……」

瀧本は、慣れた手つきで端末の操作を繰り返していた。

三十四歳、独身、東京のシティーホテルに勤務後、一身上の都合で郷里に戻り、鳥楓亭に採用された。亡くなった女将の腹心だった前支配人ともつかず離れずの関係で、淡々と仕事をこなしてきたと聞いている。

「戸川さん、二部屋同時の精算のときは、こうして……、ソフト上で部屋を関連づけるんです」

戸川あずさは、街の氷屋の娘で独身だと聞いている。家業の合間に、パート勤務として入っていた。経理事務の経験があると、青島のメモにあった。

青島は事務所の机の間を行ったり来たりしながら、小一時間指導していた。

「では、他の方への伝達もお願いします。本部では検索サイトで上位に表示されるように対策を始めていますから」

これからは、利用者がパソコンやスマホに温泉地名を入力して検索すれば、鳥楓亭は上位に表示されるし、じゃぱん以外の旅行予約サイトとも契約が済んでいるので、集客の改善が図れるはずだ。

新しい管理ソフトへの移行は、問題なく済みそうで、ひとまず安心した。

「甲斐さん、少しいい？」

青島が帰り際に真剣な表情で私を呼んだ。鳥楓亭に内緒話のできるスペースがあるはずもなく、駐車場まで送った。

「おかしいぞ。気づいてないのか？」

青島の声が固い。

「何のこと？」

「じゃぱんで、鳥楓亭の先週の予約状況を見てみたか？」

「ううん。先週はバタバタしていて……」

「週末は満室だった」

「えっ！　残室ゼロ表示だったっていうこと？」

「ああ。でな、今朝、本部の管理画面で先週一週間の売り上げを見た」

「それは私も見たわ」

先週末の稼働率は、やっと三十％。この時期は近くにある花畑見物に常連客がやってくるので、どうやらこうやらその数字になったようだ。

「売り上げの明細を見ると、本館で週末埋まっていたのは、一部屋だけだ」

おかしな話だった。

二人ともしばらく無言でいた。

「本当に残室ゼロだった？」

「うん。記憶違いじゃないよ。サイトの空室カレンダーには赤のバツが並んでいた」

誰かが、じゃぱんの残室数を故意にゼロにしたと考えざるを得ない。

きたか、という感情と絶望が私をおおった。

末期症状を呈した宿屋は、経営者の目の届かないところで、従業員が不穏当なことを始める。業者からのリベートは珍しいことではないし、献立の原材料の偽装や、架空雇用で給料を横領するなどの不正行為を私は何件も見てきた。

「やったのは、端末が操作できる宿泊担当に限られている」

だから青島は、さっき瀧本に探りを入れ、宿泊担当が残室数を変えられることを確認したのだ。

「誰かしら」

「分からない」

「なぜそんなことを？」

「見当がつかない。まずは、そこからガチンコだな」

「そういうことね」

「今週末の公式サイトとじゃぱんを注視するんだな」

青島は、焦るなよ、と言い残して、車を発進させた。

戦火は、想定外の飛び方をした。誰が何の得があってそんなことをしているのか、不安と疑念が暗雲となって胸に垂れこめた。

2章

舐められるぐらいのマネジャーがええんや

その日、そろそろと事務所に入ってきて私に話しかけたのは、料飲部門のマネジャー設楽だった。

「あのぅ。実は、仲居が一人辞めると言いました」

それは珍しい話ではない。

「分かりました。適正人員より多いので、問題ありません」

「本当ですか⁉」

「今の人数に合わせてシフトを組んでください」

設楽の本題はそれではなかったらしく、黙ったまま立っている。

「給料が当社規定になることについて通達してもらえましたか？」

「それは、伝えました」

設楽は、もじもじしていて、私はイライラする。

「他に何かありますか？」

「……実は仲居たちが、レストランでの配膳をしないと言っています」

従業員がＲＳＪの方針に異議を唱えることを許しては、今後抑えが利かなくなることは必至だ。

「これは決定事項です。新しいホームページ上ではレストランでの食事と案内しています」

「はあ」

設楽の反応は、心許ない。

「今、仲居を説得するのが、設楽さんの仕事じゃないですか！」

宿屋の料飲部門は、煮ても焼いても食えない古参の仲居の坩堝《るつぼ》だ。おそらく設楽では睨みが利かないのだ。職場のヒエラルキーは崩壊し、設楽はお使い番のような存在になっているのだろう。

「料飲部門を動かすことが設楽さんの責任です。伝達だけでは困るんです」

設楽には、私が苛立っている理由がまったく伝わっていないようだった。

「そもそもなぜ仲居が部屋食に拘るんですか？」

「さぁ……」

「仲居もレストラン食のほうが楽なはずです」

設楽はただ、首の汗をぬぐうだけだった。

翌日には、アネックスの宴会場をレストランに改築する工事が始まった。青島が、その支出だけは事前に交渉し、鳴海にウンと言わせてからコンサル契約を結んでいた。

RSJが内装工事を外注している施工会社社長の立花良平《たちばなりようへい》が来た。立花は、髭面にバンダナを巻いた自由人ふうのいで立ちで、本職はインテリアデザイナーだが、ちょっとした電気設備の修理や建具の修繕は、職人を引き連れてきて一日でやってのける。私が本部にいたときから施設の改築コストについて、いつも適切な見積りをはじき出してくれた。

「エリンギちゃんが突然支配人とは。びっくりの人事だったね」

立花は、笑いながら鳥楓亭に入り、仰ぐように設えを見まわした。

「いいねぇ」

「ええ」

「経営さえ間違わなければ、残っていく館だ」

宴会場に案内すると、立花は襖《ふすま》の寸法を測り始めた。

ステージまである広い宴会場を、今の畳張りのままレストランに改築し、襖をガラス戸に替える計画だ。

「戸や仕切りの一部を色ガラスにして、大正ロマンふうにしてほしいと、本部からの依頼書にはあるけど」

「はい。やってみたいのですが、畳にテーブルという組み合わせはどうなんでしょう」

「そのミスマッチがかえっていいんじゃないかな。施工が楽だし、工期が短くて済むよ。テーブルは紫檀《したん》の猫足なんかがいいんだけど、高いから雰囲気が近いものを用意するね」

立花は、予算や工期の事情をよく理解してくれていた。

「明かり取りに欄間《らんま》を入れて、焼き物や切子を飾ればいいムードになる」

立花に任せれば、しゃれたレストランになりそうだった。

「ここで配膳できれば、仲居さんの負担は軽減するね」

「そのはずなんですが……。仲居たちが難色を示しているんですよ」

いち早く報告してきた設楽の話が頭に残っていた。

「なぜだろうね」

仲居が、ＲＳＪのやり方に早々と抵抗を示した理由は分からない。

「レストランの内装に合うメニューをシェフに考えてもらったらいいよ。ここは料理が売りなんだからさ」

立花は、帰り際にそう言い残したが、改修が終わるまでに、あの松田が素直に新メニューをつくるとは思えず、厄介な現実が心に重くのしかかった。

予想通り、松田が先鋒だった。その日の午後になって、「八人いる料理人全員が給料の減額には応じない」と告げに来たのだ。松田は、初日に退職すら厭わないことをほのめかしている。背水の陣を敷いている相手と話し合うのは分が悪かった。

向き合って事務所のミーティング机につくと、テーブルをうっすらとおおう埃が気になるのか、松田は箱からティッシュを取り出し、拭きだした。

「松田さん、八人全員とおっしゃいますが、皆まったく同じ考えなのですか？」

「そうです。それと、食材の仕入れは、やっぱり料理人がやらなきゃうまくいきませんよ」

「これは、本部の決定です。くつがえすのは難しいです」

私は、気後れしないように声を張って突っぱねた。松田も怯まない。

「受け入れられなければ、辞めるものも出てくる。俺は庇《かば》いきれないよ」

目の前の松田が辞めれば、給料の総額は一気に減るし、仕入れの問題も片づく。私にとっては一挙両得だった。その場合、ＲＳＪの他の旅館から応援を頼んで穴埋めし、その間に料理長の採用を掛ければいい、と内心算段した。

しかし、本当に八人が鉄の結束で一斉に辞めるとしたら、困ったことになる。はったりだろうと思う反面、料理人の互助網は侮れないとも思う。

松田は、ふっと勝ち誇った表情になった。私は一瞬、頭に血が上った。

「辞めていただいていいんですよ。ＲＳＪは欠員をバックアップできる体制を整えているんです」

「本当にいいんだね」

松田はちっと舌打ちし、ティッシュをゴミ箱に投げ入れて出て行った。

料理人・仲居の造反と残室偽装問題。頭の痛い問題だらけで、体は疲労困憊《こんぱい》なのに、横になってもなかなか寝つけずにいた。

私の部屋から出て行かないジェニファーが、突然ベッドに飛び乗って、私の顔を覗き込んだ。

「びっくりしたぁ！」

私は慌てて体を起こした。

「なぁ。予約、料理人、仲居の問題、早速いろいろ出てきたなぁ」

本当に私と目の前の猫は周波数が合っているというのか。まだ信じられずにいた。

「なんで、そんなこと知ってるの……」

「あー、その説明は難しいねん。まず目先の問題や」

お金の問題を解決しに来たのに、ここまで人が障害となって立ちはだかることは、想定外だった。これでは本来の打開策に踏み出せない。

「どないすんの？　これからもいろいろ出てくるでぇ」

ジェニファーの言葉は、私が抱いている不吉な予感を言い当てていた。

「まずは、料理人の切り崩し。急いでやらなくちゃならないわ！」

「はぁ？　永理子さん、あんた、何とか勝とうとしてまへんか？」

「それが何か……」

「これは、交渉や。せやけどな、相手にどう思われようが勝たなあかん交渉やないねん」

「何言ってるの？　私の力を、まずはガツンと知らしめなくてはならないのよ。正念場！」

「ほんまにそやろか？　ここでねじ伏せられた従業員は、自分の職場を愛せへんようになるで。あんたとの関係もぎくしゃくするやろう」

それは違う。とにかく服従させなければ、再生に踏み出せない。

「交渉は、力関係が上のあんたが有利やねん。そやから相手は徒党組んで退職ちらつかせてるのや。分かるか？」

「ええ、まあ」

「永理子さんが勝とうとしたらあかんねん」

私は、合点がいかなかった。

「勝とうとしたら、負けや」

「オカミ……」

「ジェニファーやて！」

ここで従業員と交渉のテーブルについてしまえば、折り合うところを探すことになる。給料についてはできない相談なのだ。

「上手に負けなあかん」

「上手に負ける……」

「上手に負けるためには、情報が足らんのや」

「情報？」

「情報とは、相手の背景にある利害や」

私に、野良猫を信じていいのか、という思いがふと過《よぎ》った。すると、

「ふんっ。そなら、自分で考えやぁ」

ジェニファーはそう言って、目を閉じてしまった。「勝とうとしたら、負けや」が私の耳に、呪文のように渦巻いた。

ＲＳＪ内でよく聞かれた話だが、チームワークのいい旅館は、フロント奥の事務所に、従業員が部門の隔てなく気楽に集まってくるそうだ。今、鳥楓亭では、私が窓際の支配人席にいて、宿泊担当者が端末を叩いている。誰も無駄口を利かないし、仲居や料理人がここに来て世間話をすることは皆無だった。

朝食が一段落した時間を見計らって調理場に行き、松田に話しかけた。

「松田さん、レストラン食の新メニューを考えてください」

若手の料理人も二人いて、夜の仕込みを開始している。一人は松田の片腕の入江《いりえ》。もう一人はタイ人でいながら和食店から転職したソムチャだ。

「今の部屋食と同じでいいじゃないですか」

松田は部下をちらと見ながら、突き放すように言った。

「公式ホームページに、レストランのムードに合う食事の写真を掲載して、お客さまの目を引きたいのです」

「試作品つくるにはこいつらの協力が必要だけどね。給料が下がる話でやる気をなくしているからね」

「その件は、今日から私が面談します」

「それは、どうかね……」

松田は、部下と私の話し合いを避けたい様子だ。

「辞めると言っても、抱えている事情はそれぞれでしょうから、個別に話を聞かなければ、対処のしようがありません」

「個別にねぇ……」

二人の若手が松田の言葉に反応して、私と目を合わせずに調理場から出て行った。

「今日はまず、松田さんから事情を伺わせてください」

私は半ば強引に松田を誘って、アネックスのラウンジに行った。

「松田さんは、給料の減額に不満で、退職の意思をもっているということで間違いないですか？」

私が切り込むと、松田はふてぶてしく腕を組み、ぷいとそっぽを向いた。

「そんなに単純じゃない」

「どういうことですか？」

「要望を飲んでくれるんですか、話したら……」

「いいえ。給料に関しては規定ですから、会社が折れることはありません」

「でもね、俺らはＲＳＪさんの社員じゃないんだ。鳥楓亭の雇われ人なんだ」

松田は、駄々をこねているだけだった。

「松田さん。債務超過になって、再生会社が入るってそういうことなんですよ。そろそろ分かってもらえませんか」

目の前の松田を増長させたら、害悪が伝播してしまうという恐怖が私に生まれた。

「支配人こそ、分かってるんですか？　俺の料理目当てのお客ばかりですよ」

「本当にそうでしょうか。松田さんが辞めたら顧客が離れるでしょうか」

松田の顔が、怒りで赤みを帯びた。

私は、対立が激化するのを感じながら、どうすることもできずにいた。「勝とうとしたら、負けや」ジェニファーの言葉がまた耳に渦巻いた。

駆除しなければならない害虫がいるとしたら誰か、早々に見極めたい。

旅行予約サイトの残部屋数を操作しているのは、瀧本だと睨んでいる。尻尾を摑もうと注視していたが、じゃぱんのサイトと鳥楓亭の公式ホームページの空室カレンダーに、「満室」はなかった。しかし、木曜日になって突如、翌日の金曜日と翌々日の土曜日、二日連続して残室がゼロの「×」表示に切り替わった。

慌てて予約状況を確認すると、前の週同様、部屋は三割も埋まっていない。とくに、本館は予約が三組あるだけで、満室には程遠い状況だった。

焦るなよ、と青島は言ったが、私は早く何とかしなくては、という思いに衝《つ》き動かされていた。

「瀧本さん、金曜日から週末にかけて、サイト上では残室なしになっています。予約状況と合いません。これ、どういうことですか」

瀧本は表情を変えずに、ゆっくりと席を立ち、私のデスクの前に来た。

「何ですか？」

「ですから、残室ゼロの理由を訊いているんです」

私は、声を荒らげた。瀧本は、ふっと口元を緩めて目をそらした。

「なに笑っているんですか⁉」

「いや。別に……」

二人ともしばらく無言でいた。端末を見ている竹田栞が固唾《かたず》を飲んでいるのが伝わった。

「残室数を操作していますね。先週末、じゃぱんを残室ゼロにしたことも知っているんですよ」

空っとぼけた表情の瀧本に、苛立ちが増した。

「分かっていないですね」

一呼吸のあと、瀧本は私の目を見ずに呟いた。

「支配人は現場を分かっていないんですよ」

目の前に立つこの痩せた長身の男が、害虫かどうか見極めかねて、つい睨みつけた。

「あなたは意図的に旅館の収入を減らしているんですよ！」

興奮する私を、瀧本はさげすむように見た。

「こんなことをして、どういうことになるか、分かっているんでしょうね！」

自分を抑えられなくなった。

「ナイト（夜勤）明けなので、失礼します」

そう言い残して、瀧本は事務所を出て行った。完全に相手にされなかった形の私の胸には、もって行き場のない憤りが溜まった。


四面楚歌でも、帳簿を見ていると、座禅を組んでいるように心が落ち着く。ここに私の突破口があるはずだ。数字だけは嘘をつかないし、人間のように揺らいだりしない。心煩わしいことがいくつもあるが、私は数字を睨むことでそれらのことから距離を置こうとした。

あっ、とひらめいた項目がある。

勘定科目の燃料費が、月の支払いのなかでかなりの額になっている。暖房のいらない夏場でも下がっていない。

「竹田さん、少しいいかしら？」

はい、と返事をした栞は、呼吸が止まってしまったのではないかというほど体を固くして私の前に立った。

「この、燃料費って、温泉の加温のための重油？」

「はい」

「この羽生田《はにゅうだ》商会の納品伝票を見せてほしいの」

栞は棚に歩み寄って、ファイルを出した。私は、直近三年間の納品価格に目を通した。

「羽生田商会の担当者を呼べる？」

「はい。いつも、電話をするとすぐに来てくれます」

「じゃあ、できるだけ早く来てもらって。新しい責任者がご挨拶したいって伝えて。それから、このあたりで他にA重油を扱っている店はある？」

栞は、直立したまま、返事に困っている。

「あのー、隣のホテルにぃ、いつも小型ローリーが停まってます」

上野がパソコンから顔を上げて声を出した。私は、初めて上野の声を聞いた気がした。

よく聞く若者独特の話し方だ。

「国道沿いでガソリンスタンドをやっている高須《たかす》燃料じゃないかなぁ。タンクの腹に、アルファベットでタカスって書いてあったんスよぉ」

「じゃあ、上野さん、その会社を調べてもらっていい？」

「あっ、はーい」

上野は、私の癇《かん》に障る締まらない返答をした。


羽生田商会は、この地域を巡回しているのか、十五分ほどでやってきた。

私は、納品書のファイルをもって、本館大浴場の裏にあるボイラー室に向かった。作業服姿の年配の男は、私を一瞥したが、にこりともしない。見下すような態度で、羽生田です、と名乗ったので社長かもしれない。

「担当が変わりました。甲斐永理子です。御社の納入価格ですが、リッター九十五円で変動がありませんが、これどういうことでしょう。仕入れは変動していると思いますが」

私は、単刀直入に訊いた。

「お客のためにリスクヘッジして、先物の為替で価格を決めてるんですよ」

早口だった。敢えて理解しにくい話でけむに巻こうとしているのだと感じた。私は、容易に誤魔化せると判断されたことに、カチンときた。経済学なら負けない自信がある。

「うちはこれから入札で重油の購入先を決めることにしました」

「そっ、それはないでしょう」

これっぽっちも予期していない話だったのか、見る間に顔色が変わった。

「すみませんが、来月の納入価格を明日知らせてください」

「にゅ、入札にしたら、品薄のときに、ど、どうするんですか⁉」

羽生田は精一杯の声を出した。

「今まで、品薄で優先的に重油を回していただいたことがありましたか？」

それには答えないまま、羽生田はしぶしぶ入札に同意し、帰っていった。

入れ違いにやってきた高須燃料の担当者にも同じように告げた。

「月ごとの入札にご協力いただけますか？」

私が名刺を渡すと、若い男は、親しげな笑顔を見せ、

「入札ですか！」

と弾んだ声で反応した。手渡された名刺には「高須」とあって、専務と記されている。

社長の身内かもしれない。

「来月なら、七十六円くらいですかね。次の月は変動しますから分かりませんが、高くて

も七十八円くらいでしょうか。この方法は年間通してきっと割安になりますよ！」

その価格で落ち着けば、年間百万円以上の削減になる。

「万が一、供給が少なくなったときにはどうなりますか？」

高須の調子がよすぎたので、訊いてみた。

「当然価格が高騰します、しかし固定価格だからと言って優先的に買えることはありません」

答は私が満足するものだった。

「来月分の仕入れ先を決めたいのですが、明日までに四千リッターで見積りをお願いできますか？」

「ありがとうございます。早速検討します」

高須は、立ち去り際に振り返った。

「うちと取引していただければ、ボイラーのメンテナンスもしますし、故障のときには飛んできます」

一礼して引き取った高須は、笑顔がさわやかで、羽生田とは何もかも対照的だった。

この日は松田、瀧本と直接話したが、結局溝を深めただけだった。そこを突破できないふがいなさから自己嫌悪に陥っていた。いよいよジェニファーの予言通りになっている。

重い足取りで寮につくと、ジェニファーがロビーで私を迎え、部屋までついてきた。

「会話で相手を組み伏せな気が済まない性格、困ったもんや」

ジェニファーは溜息をついた。

思えばこれまでも、同じことをしてきた。仕事で相手を説き伏せるのは得意だった。しかし、きっと損もしてきたのだ。直接指摘してくれたのはジェニファーが初めてだ。

鳥楓亭でこのまま人の問題が噴出しつづけることを私は恐れていた。

「私、どうしたらよかったんだろう？」

ジェニファーを野良猫と侮る気持ちはなくなっていた。闘う私にとって、参謀は目の前の彼女だけなのだ。

「ふむ。教えたってもええけど、交換条件があるねん」

「何？」

「あのな、またたびウォーター飲みたいねん」

「またたびウォーター？」

「そや。いい酔い心地やねん」

「ネットで申し込むわ。到着は……明日ね」

「ほな、また明日」

ジェニファーは、いつものモンローウォークで部屋から出て行こうとした。

「ちょっ、ちょっと待ってよ」

振り返ったジェニファーは、目を見開き、歯を出して邪悪な笑みを浮かべた。

「またたびウォーターと他に何がいい？」

私は、文字通り「餌」で釣ろうとした。

「そなら、フランスのティガーゆうメイカーのチキン&サーモン缶詰がええな」

スマホで急いで検索した。

「えっ……、高い……」

「嫌ならええで。ほな……」

「あっ、待って。注文するわよ！」

私は、チキン&サーモン十二缶セットの注文を確定した。

ジェニファーは、思わせぶりに背中から尻尾までを舐《な》めて、毛づくろいをした。私は、それが終わるのを辛抱して見ていた。

「ほな、一つだけ教えたるわ」

「お願いします」

「永理子さん、今日、新しいメニューの依頼するつもりが、松田さんに勝とうとして怒らせたなぁ」

その通りだ。やり直しが利くならもう一度松田と話したかった。

「ええか。明日職場行ったら、舐められることを目的に会話してみぃ。それでみんながやる気出るなら、それでええやんか」

「舐められる？」

「松田さん、瀧本さん、設楽さんや。あほなふりして、話を全部引き出すんや」

三人に舐められる場面を想像しただけで腹立たしかった。

「リーダーは、自分が有能やってみせびらかしたらあかんのや」

この八方塞がりの状況を打開するためには致し方ない。私はやってみようという気になっていた。

翌日午後に、羽生田商会と高須燃料が翌月の重油価格を提示してきた。羽生田商会はリッター当たり七十五円、高須燃料は七十六円だった。

正直、迷った。一円の違いなら、メンテナンスつきの高須燃料のほうがいいのではないか。

「瀧本さん、ちょっと話があるんです」

遅番で出社した瀧本に声を掛けた。重油の購入先について相談する相手として、瀧本を選んだのだ。この話題なら舐められても耐えられそうだった。他の従業員のいない、クローズ時間のラウンジに誘った。

「羽生田商会もかなり頑張って。まさか高須燃料より一円低い提示になるとは思わなかったんです」

経緯を説明した。

「で？」

瀧本は相変わらずポーカーフェイスだ。

「意見を聞かせてほしいの」

瀧本はしばらく黙っていた。ジェニファーの毛づくろいを待つよりイライラする時間だった。そもそも私は、反応の遅い人間をビジネスパーソンとして認められないたちなのだ。

「支配人は、メンテナンスもやるっていうことに魅力を感じてるんですか」

「ええ。まぁ」

「一円高くてもいいほどだと……」

そう聞かれると、確信はないが、ふと高須のさわやかな笑顔が浮かんだ。

「今回は、羽生田にしておいたらどうでしょう」

舐められることを目的に……、というジェニファーの言いつけを思い出して、質問を続けた。

「なぜそう思うんですか?」

「羽生田商会は、おそらく前の支配人にキックバックしていたんだと思います」

「えっ!」

「まぁ、珍しい話じゃないです。だからその分値を下げただけです」

「ひどいわ」

「話をもっていったのは支配人でしょうから、羽生田は断れなかったのでしょう」

「ええ」

「一円安かったのは事実です。来月高須が安ければ、変えて構わないわけです」

「そうね」

「……支配人が取引したいからと言って経費削減策がブレるのはよくないと思いますよ」

チクリと言った瀧本の言葉に、私は後頭部を殴られた気分だった。

「そうね。間違ったことをするところだった」

瀧本はまた黙った。私は、思い切って前日の話題を切り出した。

「昨日のことだけど。私のこと、何も分かっていないって……。それについて聞かせて」

瀧本は、瞬きをしてしばらく考えているようだった。

「言いすぎました。すみませんでした」

瀧本は、これ以上口を利く気はないというように、首をぺこりと折って終わらせようとした。反省の色は見えなかった。役に立つようで、反抗的でもある。油断のならない相手だった。


設楽は、管理職の自覚がないことが心配だった。いつも逃げ腰で、思慮の浅い印象を受ける。害虫ではなさそうだが、役に立つのか見極めが難しい。

「少しお話があります」

遅番で出勤した設楽に声を掛けると、困った様子でついてきた。レストランの内装工事現場に一緒に行った。

「来週にはここが完成します」

「はあ」

「どうして仲居は部屋食に拘るのかしら」

設楽はビクッとして肩を動かし、無言で首をかしげた。

「部屋食じゃないと、お客さまから心づけをいただけなくなるということ？」

消え入りそうな声で、設楽は、はいと返答した。宿屋がよかったころの古い体質が、この旅館には歴然と残っているのだ。

「設楽さんは、どうすべきだと思いますか？　心づけのこと」

私は我慢して下手に出た。

「レストランになれば確かに減るかと……。いただいた場合、返すわけにも……」

のらりくらり話す設楽を見ていると、我慢が沸点を超えそうだった。

「今後いただいたら、どうしますか？」

「ええと、私に言ってもらって、お客さまにお礼を申し上げるようにしようと思います」

それは織り込み済みの対応策だった。

「で？」

「……で、それを月ごとにまとめて、仲居全員で均等に分けてはどうでしょうか」

平凡な案だったが、とりあえず受け入れた。

「では、すぐに仲居に通達してくださいね」

「えっ。私がですか？」

設楽が、それを徹底させることに気の重さを感じていることだけが伝わった。

その夜ジェニファーは、届いたばかりのティガー・チキン&サーモン缶にがっついた。

「一缶は食べすぎよ。石橋さんにもドライフードをもらったんでしょ」

「まぁな」

「ジェニファーの体重は五キロくらい？　だったら、缶の半分が適正量よ」

「ええんや！」

ジェニファーは、舌で口の周りを舐め取ると、ベッドの上で前足を揃えて座った。

「永理子さん。今日やっと少ーし話、聞けたなぁ」

「でも、設楽さんの解決策は、素人でも思いつくことよ」

「あほ。本人から考えが出てくることが大事なんや」

「そんなの、まどろっこしいわ！」

「人は、自分が言ったことやから、すぐ行動に移せるんや。分かっとらんなぁ」

ジェニファーは険しい声になった。

「でも舐められる必要はないわよね」

「舐められるぐらいのマネジャーがええんや！」

そこは合点がいかない。

「このまま永理子さんがアタマ使えば使うほど、三人はもの考えなくなるでぇ。あんたはそうやってみんなの仕事横取りしてんのや」

ジェニファーは、千鳥足になって部屋から出て行った。「仕事の横取り」とは何を言わんとしているのか、まったく理解できなかった。

着任から十日目にレストランの改築工事が終わった。松田にオープンにふさわしい目玉メニューを頼んでいたが、案の定提示されなかった。公式ホームページの宿泊プランはレストラン食に変えていたが、載せられている料理写真は、従前のままだ。

部屋食で予約を入れていたお客には、チェックインのときに、食事場所を選んでもらうことにした。その結果、部屋食から変更しないお客が毎日数人いる。仲居はこの間、両方に対応しなければならないのだ。設楽には、夕食の配膳に入る仲居を増やすように命じた。レストランでの食事は上々の評判で、とくに懐古趣味な内装には、常連客も満足してくれた。

ところが、直後のじゃぱんの口コミに私は衝撃を受けた。サービスに1、料理に2をつけた客がいるのだ。それが総合評価を引き下げた。これでは絶対に稼働率が上がらない！

慌てて設楽、瀧本、松田を事務所の片隅の打ち合わせブースに呼んだ。

「この口コミを見てください」

プリントしたものを渡した。

口コミには「部屋食が運ばれるまで信じられないほど待たされた」「チェックアウトのときフロントの対応がぞんざいだった。コスパは低い」「レストランから早く出て行くように言われた」と批判しか記述されていない。松田はよほど衝撃を受けたのか、しばらく見入っていた。

「料理に2がついたのは、仲居のせいだよね」

松田のきつい口調に、設楽はすみません、と小声で謝ったが、

「でも、仲居だって、戸惑っているんです。レストランと部屋食の両方に対応しなくちゃならなくて。忙しさは半端ないです」

と反論した。それをうまく回すのが、マネジャーの仕事というものだろう。私は腹を立てた。

「フロントだって、もう少し愛想よくできないのかね。知ってるよ。予約をわざと減らしてるっていう話」

瀧本も、松田の舌鋒を受けたが、挑発に乗ることはなかった。フロントが残室表示を操作していることは公然の秘密なのだと私はこのとき知った。瀧本は悪びれる様子もない。

結局、他に責任を擦《なす》りつけるだけで、建設的な話にはならなかった。

「今、お客さまは口コミを頼りに宿を選ぶんです。これでは公式サイトを設けても集客につながりません！」

私はつい声を張り上げた。

「言っちゃなんだけどね、ＲＳＪさんのやり方が違うんじゃないの。前の女将はインターネットなんてアテにしていなかったよ。ちゃんと旅行代理店を接待してさ。お得意さまも回って、毎年何社も社員旅行に使ってもらってたしね。甲斐さんは、営業ちゃんとやってるの」

松田は、二十世紀の営業手法をまだ本気で信じていた。染みついたやり方を手放せない旅館が、今バタバタと倒産しているというのに。

「変えなくてはならないのは、営業方法ではなく従業員の意識なんです！」

私が青筋を立て、金切り声を上げても、目の前の三人には柳に風だった。

全員クビにして新しいスタッフを揃えたらどんなにかすっきりするだろうと思った。

新メニューでの集客増、レストラン食での効率化、人件費の削減、部門の経費削減策。

私の目論見は、人という障害の前にすべて頓挫していた。

ジェニファーは、他の部屋に入り浸っているのか、その夜は訪れなかった。

私は、目を閉じて一日を振り返った。

うまく進みそうで、後退してしまう。それはなぜなのか、考えても考えても、答は出なかった。

うとうとすると浅い眠りのなかにジェニファーが現れた。

「いくら責めたかて、彼らは変わらへん」

「どういうこと？」

「今日みたいに上司に責められたら、従業員はお客の満足なんか、考えられへんわなぁ」

夢のなかのジェニファーは、鳥楓亭の支配人席に大股を広げて座っていた。私はなぜか、その正面で、気をつけをして立たされている。

「人の感情に鈍感すぎるわなぁ」

ジェニファーはあきれ顔で、目を背けた。

「鈍感て、どういうことよ！」

私は夢のなかで腹を立て、机を叩いて怒鳴った。

その自分の声で目が覚めた。このままでは眠れずに悶々と朝を迎えることになる。

上着を羽織って、部屋の外に出た。

「ジェニファー。ジェニファーさまぁ」

小声で呼んだ。

「永理子さん、夢のなかでまでチューニングするの、やめてくれへんか」

ジェニファーは、廊下の暗がりからあくびをしながらのそりと出てきた。

「お願い。教えてください。とにかく、レストランの新メニューだけでも何とかしたいの」

ジェニファーは、食堂のカウンターに飛び乗って、哀願する私を見た。

「勝とうとしたら負けや、ゆうたやんか」

返す言葉がない。

「『私の手柄のために、あんたら言うことききや』っちゅうボスに、誰が新メニュー考える?」

「でも、私の足を引っ張れば、結局自分に負の結果となって還るのよ。職を失うのよ!」

「ほら、また、理屈で勝とうとしとる」

「それは……」

「人の心と理屈は別や。心があんたに同意して初めて、あんたの理屈に耳傾けるんや」

ジェニファーはニャーと鳴いて離れて行った。

私は、ヒールに徹するべきだと覚悟してここに来たはずだ。心のようなアテにならないものより、こちらの理論を理解させることのほうが成功への近道だと信じてきたのだ。

しかしジェニファーの登場で、立ち位置に迷いが生まれた。

どうやって松田をウンと言わせるのか、結局その答は得られなかった。


レストランの新メニューを目玉にして、集客を図りたい。これればかりは松田の力を借りなければ進まない。

朝までまんじりともせず考えて導いた答は、自分が踏み出さないと現状が動かないということだけだった。

今の私ではダメなのだ。理に適ったことを話し、人を説得できるという今まで頼りにしてきた私の能力を使えば使うほど、状況は悪くなるばかりだ。

料理部門は、松田が楯になっていて、料理人たちに近づけない状態が続いている。松田の休みの日に差配している二番手の入江は、私と決して目を合わせようとしなかった。

昼前に通用口の外で待っていると、松田は銜《くわ》えたばこで出てきた。仕込みのあとに裏口で一服することを見知っていたのだ。

「お疲れさまです」

松田は、かすかに下顎を動かしただけで、不機嫌そうにそっぽを向き、近づいてきた野良猫に、残りものの干物をやった。

「松田さん、購買先変更の話、反対されていましたよね」

「ああ」

「その理由を詳しく聞かせてほしいんです」

「ふん」

「支配人としてそのあたりをちゃんと理解しなくちゃって思っています」

松田は、ポケットから携帯灰皿を取り出して、吸殻をねじ込んだ。

「まず、仕入れ先に拘る理由を教えてください」

少し考えたあとに、松田は重い口を開いた。

「和牛が品薄になったときがあったね。みんな忘れているけどさ」

「六年前ですかね……」

「よく覚えてるね」

「私、今の会社に入った年で。だからよく覚えてます」

「そうかい。あのころ、あんたぺぇぺぇだったのかい」

松田は嬉しそうに、ぺぇぺぇと言い、積んであったビールケースの一つを逆さまにして腰を下ろした。

「ぺぇぺぇですよ、今だってまだ。だから、いろいろ至らなくてすみません」

このとき私は、素直な気持ちでその言葉が言えた。

「うん」

松田の返事からも、憤懣《ふんまん》のようなものが消えていた。私もビールケースに座った。

「品薄なその年にもね、近江のいい肉を回してくれた問屋なんだ。長いつき合いでね、そこから仕入れている」

これが、財政建て直しの足かせとなるしがらみというものだ、と思ったとき、ジェニファーの「情報とは、相手の背景にある利害や」という声が、突然聞こえた。

「恩があるんですね」

「まぁ、向こうだって儲けてきたんだけどね」

「そこと取引がなくなると、困ったことになりますか？」

「いい食材を回してもらうのは、結局人間関係さ。困ったときばかりの頼み事じゃダメだね」

それが、松田の背景にある利害だ。私が大ナタを振るうことで、傷つくのだ。

たった二言三言の会話で、私たちの間を隔てていたものが少し融解した。しかし、方針は曲げられないのだ。

「私をその問屋さんに会わせてもらえませんか？」

松田は驚いた顔をした。

「小さい商いをしているところで、ガンコな社長だけど。会うかい？」

「鳥楓亭は厳しい状態です。私は、穴だらけのこの舟をどうにか沈没させないために必死なんです」

本音が言えて、すがすがしさを覚えた。

「うん。そうだよなぁ」

「私から事情を話させてください」

「分かった」

松田はしみじみとした声で返事をした。理屈ではなく心が同意する、ということの意味が少し分かった気がした。

私はその足で、歩いて十五分ほどのところにある蛍雪園に向かった。

寮で知り合った石橋は、ＲＳＪがこの温泉場で手掛ける再生施設四軒の購買を担当している。相談すればこの問題に何とか突破口を見つけられるのではないか。気が急《せ》いて、気づいたら温泉街を走っていた。

翌朝、寮を出ると強い芳香が漂っていた。民家の庭の金木犀が、香りの割に小さなオレンジ色の花を咲かせている。温泉街の秋の空は抜けるように青かった。

米と並んで購買額の高いのが肉だ。その仕入れ先の経営者、木村東《きむらあきら》が松田に伴われて訪ねてきた。

「あっ、松田さんも、一緒にいてください」

立ち去ろうとした松田を、私は引きとめた。

「瀧本さんも、ちょっと来てくれますか？」

声を掛けると瀧本は、返事をせずに腰を浮かせた。フロントでは美しい所作で応対するのに、なぜ上司には返事すらしないのか。気になったがそれについては言わなかった。

「誰ですか？」

パーティションの陰で瀧本が訊いた。

「肉の仕入れ先です」

「私に何か？」

「重油の件と合わせて、今後仕入れのことは瀧本さんに窓口になってほしいの」

瀧本は、不満そうだったが、ジャケットを羽織って私に続いた。

木村は六十年配で、眼鏡を掛け、肉の問屋というよりは、物静かな研究者のような風体だった。

「鳥楓亭さんには今まで、贔屓《ひいき》にしてもらいました。本当にありがとうございました」

私の名刺を受け取ると、別れの挨拶のように慇懃《いんぎん》に腰を折った。

ちょうど腰かけたところで、蛍雪園の石橋が通用口から入ってきた。

「こんにちは。ＲＳＪで購買を担当しています、石橋です」

石橋は、寮で対面したときのように、皆に快活に挨拶した。

「今日は今後のご相談をさせてください」

私がそう告げると、木村はきょとんとした顔になり、それに構わず石橋が話を進めた。

「木村さんには、いつもいい品を調達していただいているそうですね。ありがとうございます。で、ＲＳＪがオペレーションしている旅館が、今、この温泉場に四軒あって、鳥楓亭を入れると五軒になります。その食材の仕入れ先として木村さんにも入っていただけないか、と私は思っています。もちろん価格次第なんですが……」

顔が輝いたのは松田だ。面目が立つようにと前日石橋と知恵を絞った方策だ。

しかし木村は冴えない表情で、ＲＳＪさんの旅館はどこですか？　と訊いた。石橋が四軒の旅館名を答えると、しばらく押し黙った。

「難しいですか？」

待ちきれず声を出したのは私だ。木村はゆっくりと口を開く。

「たとえば蛍雪園さんと鳥楓亭さんでは、使う食材が違います。ですから、鳥楓亭さんでは小ロットの品ということになり、今と価格は変わりません。うちのような問屋は価格を下げにくいんです。牛一頭買いなら割安になると思いますが……」

まんじりともせず聞いていた松田が、鼻からふぅと息を吐いた。

「木村さん、これはチャンスなんだよ。商売にもっと色気出してよ」

木村にはおそらく、納得できる肉だけを扱いたいというガンコな信念があるのだ。その真摯な姿勢に、逆に私は、何とか取引を続けられないかと思った。

あずさが、人数分のお茶をもってきてくれて、間がもてなかった全員が、音を立てて啜った。

「木村さん、牛一頭ってどのくらいの価額ですか？」

瀧本が、沈黙を破って質問した。

「ピンからキリまでありますが、A５で、五百万くらいです」

「グランプリを取るような和牛なら？」

「二千万くらいでしょうか」

「何キロくらいあるんですか、可食部《かしょくぶ》」

「体重七百キロの牛で、可食部は四百六十キロくらいですね。三分の二は肉、あとは内臓です」

瀧本は、自分の机から電卓をもってきて、計算を始めた。

「どうしたの？」

私はひそひそ声で瀧本に訊いた。

「高級牛を一頭買いして、五軒で使う。それなら、木村さんもリスクが少ないでしょう。『和牛一頭料理！』と銘打って、いろいろな部位を工夫してメニューにすれば話題になるし、わざわざ食べに来るお客さまも現れます」

「それなら、五軒の料理人でメニューをつくればいい。俺がまとめ役をやるよ！」

松田は急に元気な声を出した。

石橋も電卓を取り出し、採算を見ているようだった。

「和牛一頭コース！　グランプリ牛では厳しいですねぇ。A5の金額が、やっとですかね」

早口になったのは、石橋もこのプランに気乗りしているからだ。

「バラもスネも入っていますから、メニューづくり、難しい面もありますよね」

そう瀧本が言うと、

「いや、そりゃあ、任せてくれ。料理人が腕を絞れば何とかなるよ！」

と、松田は興奮して返した。一同の心が一瞬で一つになり、企画の実現に向かった。

「あのぅ、松田さん、腕を絞るのは……」

「ん？」

「腕を振るうか、知恵を絞るかです」

私がそう言うと、松田は大口を開けて笑った。

木村は、改めて和牛ブランドの価額と品質を調べると言い、松田は、蛍雪園の料理長を紹介してくれ、とその場で石橋に依頼した。瀧本は、

「支配人、このイベントをホームページ上でも大きくＰＲして、五軒のリンクを張ってはどうかと思うのですが、それができるか、本部に訊いてください」

と言った。私は、急いで手帳にメモした。

「あさって、もう一度集まりましょうか。午後三時ぐらいにいかがでしょう」

次の約束を取りつけたのも瀧本だった。


私の帰宅を待っていたジェニファーは、ドライフードはまずい、と言って、チキン＆サーモン缶をねだった。

私が、パカンと缶詰の蓋を開け、皿に移す間、落ち着きなく床をぐるぐると回っている。

「うまいニャー」

ガホッ、ガホッ、と荒い息遣いでチキン&サーモンをむさぼる姿は、腹をすかせた野獣そのものだ。

「ジェニファー、今日予想外の展開になったのよ」

「知っとるでえ。あんたが口出さへんほうがうまくいったやろ」

「えっ？」

「部下の仕事を横取りしたらあかん言うのは、こういうこっちゃ。みんな答もってるんや。プロやからなぁ」

二日前のもやもやの答が出て、霧が完全に晴れた気分だった。

「でも、再生に関しては私がプロよ」

「はぁ!?　あほちゃう？」

ジェニファーは、声を裏がえして言った。

「そなら訊きますけど、永理子さん一人がない知恵絞って、しょうもないやり方従業員に押しつけて、それでも従業員が思うように動いて、経費がどんどん下がって、お客がじゃんじゃん来るなんていうことが、実現する思ってはるん？」

ジェニファーは、ベッドで居住まいを正した。私も背筋を伸ばして向き合った。

「永理子さん、あんた自身が人として、もっときちんとせなあかん。人のことを信じられへん人は、いい組織をつくられへんねん。いい組織やないと、楽しく働けへんねん」

「どうして？」

ジェニファーの論理は飛躍していて私のなかでつながらなかった。

「部下を信じられへん人は、つい細々と小言言うねん。すると、監督されへんと怠けるモンが育つんや。そうゆうもんやろ」

「信じたら怠けないの？」

「そや。信じて待てば、自分で何とかしようと知恵絞る。それでいろいろ試す。楽しくて、怠けてる暇なんてあらへん」

そのとき、ドアをノックする音がして、ちょっといいですか？　と顔を見せたのは石橋だった。

「今日はありがとうございました。恩に着ます」

私は、部屋に招きながら、礼を言った。

「オカミ、ここにいたのか」

（あたしは、ジェニファーやて）

ムッとしたジェニファーの声は、どうやら石橋にはニャーとしか聞こえていないようだった。石橋は、ジェニファーの耳のあたりを撫でた。

「甲斐さん、あのあとうちの料理長と松田さんが会いました」

松田はすぐに蛍雪園の料理長を訪ねたのだ。

「どうでしたか?」

「二人とも、熱くなってました。牛一頭を五軒の宿の価格に合わせてアレンジできそうです」

「そう。対立はなかった?」

「そりゃあ、どこもいい部位が欲しいでしょうけど。蛍雪園の価格帯ではヒレ肉のステーキをスタンダードメニューにはしにくいので、アラカルトにすれば取り合いになりません」

(任せれば、人はやるねん)

「よかった。肉の奪い合いを、心配していたの」

(永理子さんが従業員を信じてへんだけや)

「うるさいなぁ」

「えっ。何か言いましたか?」

「いいえ、他の三軒も早く交えましょう」

私は慌てて話を続けた。

「それは、松田料理長がやってくれるそうです。松田さんはプロですよ。僕、感心しました」

私は松田の意外な一面を見た気がした。本来仕事好きなのかもしれない。

「……で、相談なんですが。このパターンをマグロや豚肉でもできないでしょうか？」

もっともな話だ。

「大量に仕入れれば安くできますし、一頭料理は名物になります。ただ……」

石橋は言いにくそうだ。

「保存が重要で、そこで活躍するのが、真空調理機なんです」

「真空調理機？」

「はい。下処理した食材を真空で保存するんです」

「へぇ」

「長期保存が可能です」

「そうなんですか」

「アイドルタイムに下ごしらえして、再加熱して提供もできるんです」

「シフトが楽になりますね」

いいことずくめだ。

「いくらですか？　その調理機」

「七十万……」

「高い……」

その出費は鳥楓亭では到底できない。

「蛍雪園に置いて、五軒に食材を配る形がいいのかと……」

それでも、ＲＳＪ本部の決裁が必要だ。

「僕から本部に言いますから、甲斐さんバックアップしてもらえませんか？」

真空調理機を導入することでさらなる大量仕入れが可能になり、購買価格が下がる。

「じゃあ、どの程度の経費削減に結びつくか、試算しましょう」

私の得意分野だ。石橋と二人、急いで机に向かい、電卓を叩いた。


翌日、伊勢谷に電話をして、真空調理機の件を説明した。

「試算表は、先ほどメールに添付しました」

「ああ、見たよ。高いね」

私は緊張した。経費を減らすことはやってきたが、おねだりには慣れていない。

「真空調理機がどうしても欲しいんです」

「珍しいねぇ。甲斐さんが、再生先のために金を使おうなんて」

「長期的には、必ずコストダウンになります」

「ふむ。いいよ。買えば」

「いいんですか！」

「死に金を使わない甲斐さんが言ってるんだから、必要なお金なんでしょ」

「ありがとうございます！」

「聞いたよ。牛一頭料理フェアを五軒合同でやるんだって？」

「はい」

「赴任早々、動いてるじゃない」

私は、言葉に詰まった。あれは瀧本のアイデアだ。伊勢谷はおおらかな笑い声を上げて、まぁ、頑張りなさい、と言って電話を切った。


瀧本が招集したミーティングに石橋、木村、松田が再び顔を揃えた。

「熊本産のあか牛の一頭買いなら品質がよく、値段も手ごろだと分かりました」

と木村は、ファクシミリで受信した見積り書をテーブルに広げた。胸を撫でおろした様子だ。

「肉の割り当てを早めに決めて、新しいメニューの撮影を兼ねて試食会をしましょう」

瀧本が提案すると、松田が、

「俺は、料理人の取りまとめを行なうよ。試食会には、五軒全員の支配人にも来てほしいね」

と、提案した。ついこの前の週まで料理人七人を引き連れて辞めると息巻いていたとは思えない変わりようだ。

「本部のカメラマンは、いい写真を撮ってくれますよ！」

私がお茶を配りながら言うと、松田は大げさに腕まくりをして見せた。

「支配人、腕によりを掛けますよ。牛一頭だとね、脳みそもある。これは、絶品ですよ。癖がなくて、濃厚さはフォアグラの比じゃない」

四人が、プロとして協働している姿がまぶしかった。その場面にジェニファーの「楽しく働く」という言葉が絡んだ。

3章

『求める成果』と『ほんまの目標』は違うねん

着任してから三週間が経っていた。鳴海が、ひと月目の締め日を待てずわざわざ訪ねてきて、瀧本が作業している端末を覗き込んだ。

「なんだ。空室だらけじゃないの」

事務所の空気が揺れるような凄みのある声だ。栞の肩がビクンとした。

「公式ホームページができてから成果が出るまではタイムラグがあるんです」

「甲斐さん、コンサル料の三倍儲かるって言ったよね」

初耳だ。言ったとしたら青島だとのど元まで出たが、飲み込んだ。

「潮風信金の期限は半年。それ以上滞るなら畳むよ」

私だって鳥楓亭は売却処分が妥当だと思っていたのだ。そこは鳴海と一致しているのに、私だけがこんなに苦労して、ここにいる。

「死んでまで道楽につき合わせるんだから、わがままな女だ」

亡くなった女将のことを言ったのだろう。鳴海は、私の机をこぶしでコツンと叩きながら吐き捨て、引き上げていった。

稼働率は上がるどころか、二十％を切っていた。経費の削減につながることはすべて行なった。宿泊料金のダンピングは絶対に行ないたくない。

稼働率を上げるには、「鳥楓亭に行きたい」と思わせる魅力をホームページ上に表現し、その体験者であるお客の口コミ評価を上げるしかない。見せかけでは取り繕えない、現場の日々の取り組みに頼る以外ないのだ。

料理人の反抗は、松田が軟化したことで、ひとまず収束した。料理人全員の労働条件書も提出されたと本部から連絡が来た。

ところが、レストラン食に完全に移行し、仲居のシフトがやっと落ち着いたこの日、原《はら》田明美《だあけみ》が突然事務所に現れ、仲居四人とともに辞めると言い出した。料飲部門は、私の赴任と同時に一人退職者が出て、十四人で回している。仲居たち、バーテンダーの小澤と岩《いわ》崎里奈《さきりな》、それにマネジャーの設楽を入れた人数だ。私は、あと二人少なくなってもシフトを組むことができると考えていた。

「何か問題があるのですか？」

明美は、待遇です、とそっけなく言った。

「では改善に向けて、話し合いをしたいのですが」

「改善の前に、支配人が、私たちがどんだけしんどいか、理解することじゃないですか」

明美は喧嘩腰だ。わだかまりが胸のなかに沈殿している。明美は辞めるという五人のなかで最年長ではない。一番怒りの強いものが代表者に推されたのだろう。

「分かりました。個別に聞かせてください」

料理部門と同じように返答した。

仲居が連帯して退職をちらつかせても、個別に話をするとすぐに団結が崩れ、リーダー格一人が辞めることで落ち着くという展開がよく見られた。リストラを視野に入れている私にとって、明美だけを退職に追い込めれば、正直言って都合がいい。

「いえ。五人一緒に話をしてください。要望は全員一緒なんです」

「分かりました。少し待ってください」

「どのくらいですか?」

「新しいメニューの開始のあとに……」

「まあ、しょうがないですね」

「それと、待遇改善の要望をまとめてもらえると話しやすいんですが……」

明美はそれには答えず、ぷいと踵《きびす》を返して事務所から出て行った。

仲居五人が一斉に辞めれば、シフトはきつくなる。その穴は簡単には埋まらないだろう。補充に手間取れば、長期間連勤をする従業員も出てくる。万が一労働基準監督署にでも駆け込まれたら、ＲＳＪ本部が取り締まりの対象となる。

次から次に問題が起こり、私は足元がぐらつくほどのめまいを感じた。

めったに鳴らないデスクの電話に驚いて応対すると、相手は青島だった。

「鳴海さん、せっかちだからさ、こっちに電話が来たよ」

「なんて？」

「女の支配人じゃダメなんじゃないかって」

女だからダメだと言われると、私は体がわなわなと震えるほど憤りを感じる。近い将来きっと鳴海に「おみそれしました」と頭を下げさせたい。

「まだひと月経っていないのよ」

「分かってるって」

どこのオーナーにも共通しているが、ＲＳＪに助けてもらいたい、という心境が早々に薄れて、口うるさい顧客になっていく。

松田の件が一段落したとたん、次は明美と鳴海だ。ジェニファーの予言通り人の問題がどんどん押し寄せてきた。

つい二、三日前には最高気温が二十度を超えていたのに、急に十五度まで冷え込んでいた。それでも午後の陽だまりには暖かさがある。これまでジェニファーから大切な話を授かった気がしていて、裏口のビールケースに腰かけて思い出そうとした。

「上司に責められる従業員は、お客の満足なんか考えられへん」

「人のことを信じられへん人は、いい組織をつくられへん」

「プロだから皆、答をもっている」

という言葉を手帳に走り書きした。文字をボールペンでぐるぐる囲むと、そこに問題を突破するヒントがあると思えた。

よく見るグレイの野良猫が、私にすり寄ってきた。人によく懐いている。

「きみは、人の言葉、分かるの?」

ブルーの目でこっちを見た。

「みんなが楽しく働けば、お客さまも来るかなぁ」

グレイは同意するようにニャーと鳴いた。

事務所に戻ると、チェックアウト業務はとうに終了したはずだが、夜勤明けの瀧本が残っていた。

「ちょっといいですか？」

私は瀧本と話し合いたいことが溜まっていたのだが、顔を見たら次の言葉に詰まった。

「支配人の話は分かってますよ」

「えっ」

「残室数の件ですよね」

「まぁ。それだけじゃないけど」

瀧本の席に歩み寄り、近くの事務椅子を引き寄せて座った。

瀧本は、しばらく沈黙したあと、静かに話し出した。

「支配人は、仕事が楽しいですか？」

「苦しみのほうが多いけど、仕事は好きよ」

「……好き」

ぽつりと復唱した。

「向かうところがはっきりしてるから、私に合っている」

瀧本は小さく息を吐いた。

「宿屋の仕事は、こなしですよ」

「こなし……」

「どんなに忙しくても、給料は同じです」

それは、承知している。

「ささやかな楽しみは、仕事が楽なことです」

瀧本の双眸が暗く光った気がした。

「本館は布団を敷かなければならない。以前は洗い場に二人アルバイトがいて、布団敷きも担当していました。三年前切られて、今は、布団敷きは宿泊の仕事です。人手がない夕方のわずかな時間にやらなくちゃならない。戦争ですよ。残室ゼロにして予約数を制限したのは、そんなちっぽけな理由です」

布団敷きで楽をしたい、という理由を、瀧本は自嘲して言った。和ベッドがあるアネックスから予約が埋まっていく理由も、これでうなずけた。

「支配人は、日々こなし作業のなかで、ただ楽なことだけがささやかな喜びの私たちのことを理解できますか？」

私は、どう反応していいのか分からなかった。

「安心してください。残室の操作はあれから一度もしていませんよ」

「分かったわ。どうしてその話をしてくれる気になったの？」

「どうしてですかね……」

この人は、私に何かを伝えたいのかもしれないと思った。

「経費削減は分かります。ただ、それが仕事の目的になるのはどうかと思ってます。もっとやることがあるんじゃないかと」

ジェニファーは、人を信じられない人はいい組織をつくれない、と言っていた。急に、瀧本を信じてみようという思いが、湧き上がった。

「もっとやること、って？」

「うまく言えないんですが、もっとお客さまのためにできることです」

資金がない、と言いそうになった。が、堪《こら》えた。

「今のままだとみんな心が疲れて、お客さまにいい対応ができなくなって、口コミが下がる。稼働率も下がる。またさらに経費削減。そんな悪循環をどこかで切って、何かできることがある気がするんです」

瀧本の声には実《じつ》があって、私は胸の奥がジンと熱くなる気がした。「悪循環をどこかで切って、何かできることがある」と願っているなら、瀧本自身がきっとその答をもっていると信じようと思った。

山積している問題の解決策が見つからないなか、事務所にやってきて私に話しかけるのは松田だけだった。

「五軒で肉の分配を決めて、メニューのプランを披露し合いましたよ。肉屋の木村さんも立ち会ってくれてね。あの人は本当に誠実な人だ。肉のことになると手抜きがない」

それについては、石橋から話を聞いていて、私も感謝していた。

「でね、珠珠庵《じゆじゆあん》のレストランで昼にスジ肉のカレーを出したいって言うんですよ」

珠珠庵は、登山道の入り口近くにある手ごろな価格の温泉宿だ。

「牛スジカレー！」

「仕込んでおけば誰でも出せる。で、登山道に看板を出すって言っていましたよ。一日四十食限定で、千三百円」

一か月百五十六万！

「それはいいわ」

「お客が増えるまでは時間が掛かるけど、いろんな案が出てくることは楽しいね」

言いながら松田は軽い足取りで厨房に引き上げていった。

松田と話すと、前進を実感できたが、他の従業員との関係は膠着《こうちゃく》していた。もちろん私との間に対立があることが原因だ。

瀧本は「日々こなし作業のなかで、ただ楽なことだけがささやかな喜びの私たちのことを理解できますか？」と自らをあざ笑っていた。それなら、日々の作業の向かう先を見せてやればいいのではないか。瀧本は、お客のためにもっとやることがあるんじゃないか、とも言った。彼らが「向かいたい先」とはどこか、私は必死に考えた。

ジェニファーは、寮のロビーまで迎えに出てくれた。

「瀧本はんからちゃんと引き出せたやんか」

「答をもっているっていうこと、なんか、ちょっと摑めた気がする」

部屋に入ると、ジェニファーは、チキン&サーモン缶と、またたびウォーターを要求した。

「でね、お客さまに何ができるかを従業員に考えてもらおうと思っているの」

ジェニファーがまたたびウォーターをピチャピチャと飲むのが聞こえる。しばらくして、やっと止んだ。

「永理子さんのイメージは？」

「各部門代表のプロジェクトのような感じかなぁ。部門でアイデアを出してもらいたいの。目標は、口コミを地域一番にすること」

「あかんな」

ジェニファーは溜息をついて一蹴した。

「えっ、どうして？」

「明日到着で、ポチってくれるか？　最上級マグロ猫缶ちゅうの食べたいねん」

私はスマホで検索した。

「タカっ……」

「ええやんか」

仕方なしに通信販売のサイトから最上級マグロ猫缶二十四缶セットを注文した。

「で、どうしていけないの？」

「永理子さんなぁ。いいもの出したいんやったら、まず心にある悪いもん、全部吐き出させなあかん」

「悪いもん……」

「分かるか？　全員、心にいろんなもん渦巻いとる。すぐにいいもんなんて出てきいへんわ」

「そうかなぁ。接客していれば日々アイデアって湧くものでしょう」

「甘い！　甘いでぇ」

「何が？」

「またたびウォーターもう少しくれるか？」

新しいボトルを開けた。またたびウォーターは私が飲んでいる水の倍以上の価格だ。

「口コミを上げるゆうんは、あかんやろうなぁ。盛り上がらんでぇ。よう考えてみたらええわ」

ジェニファーはまた千鳥足で部屋から出て行った。

私は翌日、瀧本と上野、栞をブースに呼んだ。

「お客さまの口コミを上げる取り組みが必要だと思っています」

上野は、手帳にメモしながらいちいちうなずいて聞いていた。

「で、上野さんと竹田さんに、そのプロジェクトリーダーをやってほしいの」

「プロジェクト、……リーダーっすか」

上野はイメージできないようだった。

「料飲と宿泊、料理の代表の人がプロジェクトリーダーとして、口コミを上げるプランを考えて、それぞれの部門に持ち帰ってほしいの。もちろん改善点でもいいわ」

「プランが決まったら、皆で一斉に取り組めばいいんですね」

栞が確認した。

「私、専門学校のときにホテルで実習したんですが、いろいろなプロジェクトが立ち上がっていました。マナーとか、改善とか」

「そうそう。顧客満足向上を目的にやっているところが多いわ。上野さん、イメージ湧いた？」

「学校の委員会活動みたいな感じってことかなぁ」

まあそうだよ、と軽く瀧本が言った。

「宿泊のリーダーは、上野さんと竹田さんにやってほしいの。料飲は仲居の原田さんとバーの小澤さん、料理は入江さん。で、瀧本さんたちマネジャーは、ご苦労さまだけど、部門の責任者としてオブザーブしてください。設楽さんと松田さんにも私から話しておきます」

「時間外の勤務はどう考えたらいいですか？」

瀧本が訊いたのは手当の話だ。

「残業を申請してください。管理職以外ですが」

プロジェクトリーダーに任命されたことに、上野、栞が高揚している様子がなく、私は物足りなさを感じた。

三部門揃っての口コミ向上プロジェクトが始まった。もちろん口コミも上がってほしい。だが、彼らの日々の業務の「向かう先」を見せてやることができれば、仕事に張り合いをもてるだろうという期待を私はもっていた。

昼間の時間、レストランに集まり、リーダー五人に、部門長を合わせた八人が初回のミーティングをもつことになった。上野は瀧本に言われて、この三か月の口コミのレビューを参加人数分印刷し、事務所を出て行った。

駅前に数本あるイチョウは、まだ葉が青いものもあるが、前日の強い風に吹かれて実が落ち、踏みつぶされて強烈な臭《にお》いを発していた。

翌朝、ミーティングを傍聴した瀧本に声を掛けた。

「口コミ向上プロジェクトは、どうでしたか？」

「昨日は、プロジェクトの代表者に小澤を選出して、そのあと現状の口コミを共有しました」

「共有？」

「目を通しただけです。各々感想を言っていました」

「どんな？」

「口コミの点数が悪いのは、他部署のせいというニュアンスです」

責任の擦りつけ合いだったということか。メンバーを考えると、明美、小澤は責められても撥ね返せそうだった。

「宿泊は、メンバーが若くて分が悪そうですね」

「ええ。まぁ」

「どのような雰囲気でしたか？」

「いつも通りです」

意味を測りかねた。

「どういうことですか？」

「やれって言われたから、やるっていうことです」

「瀧本さんがおっしゃっていた、こなし、ですか？」

「……ですね」

遅番で出社した上野と栞には、とくに変わった様子がなく、それが私を落胆させた。松田のように、いきいきと話をしてくれることを、私は願っていたのだ。「支配人、聞いてください！」と二人が口々に報告する場面を。

第二回プロジェクト会議の翌日、小澤から報告された行動プランは、「笑顔でいらっしゃいませと挨拶する」というものだった。

私は、愕然とした。それはできて当たり前のこと。接客スタッフに笑顔があるからといって口コミの評価は上がらない。それだけでは魅力的な宿にはならないのだ。なぜそれが分からないのだろう。

「全員、それでいいということになったのですか？」

「はぁ。まずは、そこからだろうと……」

「じゃあ、たとえば料理担当で考えましょう。勤務時間の多くは、厨房にいます。どういう場面でお客さまと接して、笑顔でいらっしゃいませ、と言うのですか？」

小澤は、他部門には無関心なのか、首をかしげるばかりで、それ以上の話は出てこなかった。

「やらされ」と「こなし」でスタートしたプロジェクト会議は、私の期待を裏切るものだった。明確に分かったことは、彼らが口コミを上げたいとは願っていない、ということだ。ならばもう何をやっても無駄なのではないかと、失望のどん底に落とされた。

しおれた力を振り絞って、次回のミーティングをオブザーブさせてください、と小澤に依頼した。

部屋のドアを薄く開けておくと、ジェニファーは夜遅くにやってきた。最上級マグロ猫缶一缶をあっという間に空けたあと、興奮した様子で、バタバタと音を立てて部屋中を疾走した。

「ジェニファー、何してるの⁉」

「いいんや。ほっといて‼」

猛スピードでベッドからデスクにジャンプし、外へ出て行くと、しばらくしてから落ち着いた様子で戻ってきた。

「どうしたの？」

「なんでもないがな。猫の習性や。たまに体の血がたぎるねん。それより、永理子さん、やっぱドツボに嵌《はま》りはったなぁ」

今日の話になった。

「プロジェクトにみんなが喜んでのめり込む思てはったんかぁ？」

予言が当たったジェニファーが嬉しそうなのが癪に障ったが、負けを認めるしかなかった。

「あたしがゆうたこと、覚えてはるか？」

「まず。いいものを出したかったら悪いものを出し切ることって言った。これは近々やるわ。個別に不満を訊きます」

「覚えとるやんか」

「うん。それから、口コミを上げるという目標はよくないって言ったのよね」

「盛り上がらなかったやろ。警告したのに、なんで強行しはったんや？」

「口コミを上げるのが、なぜいけないの？」

ジェニファーは、また毛づくろいを始めた。この間がいつもじれったい。ひとしきり体を舐め、肉球を嚙むように手入れした。

「永理子さんの『成果ありき』があかんねん」

「なぜ？　プロジェクトの目標は必要でしょう」

「そんなもん、達成したかて、嬉しくないやんか」

「嬉しいわよ！」

「永理子さん一人が嬉しいだけや」

「目標のないプロジェクトなんて、あり得ないわ！」

「ちゃうわ。目標はあってもええねん」

私は混乱した。

「口コミを上げるゆうんは『求める成果』や。ただの結果や。ほんまの目標とは違う」

「えっ、じゃあ目標って？」

「目標ちゅうんはなぁ……」

「うん」

「あたしなぁ、今、外でトイレしてきたんやけど、えらい寒かったねん」

ジェニファーは、話を急に変えた。

「猫トイレ買って」

スマホの通販サイトから猫トイレを検索した。

「フルカバーで頼むで……。女の子やからな」

トイレを設えると、ジェニファーは私の部屋に居つくだろう。

「早うポチっとして。それからなぁ……」

「まだあるの？」

「トイレと言えば、猫砂やんか。バイオサンドゆうのにしてや」

「三百円のがある。これでいいじゃない……」

「あかん。安い砂は猫ぜんそくになるてタマちゃんのママが言うてはった」

ジェニファーの気が変わらないうちに、急いで注文を確定した。

「で、目標っていうのは、口コミが上がることとどう違うの？」

「永理子さんは結果を求めてるだけや。すると、結果が悪いと従業員は揺らぐやろう。そんなんで仕事してても楽しくない」

「楽しくなくても、仕事なんだからやるべきよ」と心に浮かんだが、私はすぐに打ち消した。なにしろ心に浮かんだだけでも伝わってしまう。

「こんな仕事を選んだ人は、お客に喜んでもらって楽しく働きたいゆうものがベースにあるんや。それを信じななぁ」

ジェニファーは、あくびをして、眠りそうになった。

「ダメよ。寝ないで！　目標っていうのは？」

「ふわぁ～。自分たちが、何をもってお客に喜んでもらうかや」

「何をもってお客さまに喜んでもらうか……」

私は、反射的に復唱した。

「どうやってお客に喜んでもらおうかなぁって考えるだけで楽しいねん。仕事してて心が喜ぶねん。結果出えへんくても、揺らがないねん。諦めずにそこに向かえるねん」

私は『楽しく働くなんて甘えた理想論だ』という考えをずっともっていた。厳しくて当たり前だ。それで給料をもらっているのだ。

「給料のために働いてるなら、鳥楓亭じゃなくてもええゆうことになる」

やはり伝わってしまった。

「従業員がお客を喜ばそ思ってたら、それ自体が目標になるんや。それが鳥楓亭やからできることやったら、そこで働く意義がはっきりするわな。ふわぁ〜」

ジェニファーはまぶたを何度かしばたたかせると、今度こそ眠ってしまった。


翌日出社するとき、寮のロビーに掲示があった。

『お願い　オカミが最近太ってきました　食餌の全体量を誰も把握していないせいだと思います　餌を与えているメンバーでミーティングしたいと思います　日程を調整したいので、以下の表、可能な時間に、できるだけたくさん○をつけてください　珠珠庵　佐々木《ささき》晶子《しょうこ》』

私は、名前を書いて、いくつかの時間帯に丸をつけた。

旅行予約サイトじゃぱんの鳥楓亭の口コミ総合評価は、私が赴任する前から5点満点の

3点台だった。松田の料理の評判はそこそこだが、サービス、部屋、風呂など全体を均《なら》すと、4には遠い数字なのだ。一人三万円以上の、言わば高級旅館でこの数字は命取りと言えた。窮余の一策として立ち上げた口コミ向上プロジェクトも期待薄で、私はもうどうしたらいいのか前後に暮れた。

そんななか、牛一頭料理の旅館五軒コラボ企画が始まった。

松田のメニューの目玉は、イチボと言われる希少部位の塊を炭火で長時間かけて焼きあげ、切り分けてサービスするというもの。そして、脳みその煮込みだ。私にとってはゲテモノの部類に入るその料理を、本当に客が喜ぶのかハラハラしていた。

初日は土曜日だったことが幸いして、六割の部屋が埋まっていた。それは私がここに来てから最高の稼働率だった。

午後三時、日を引く二人連れのお客が鳥楓亭にやってきた。着ているサイクルウェア、手にしたヘルメット、グローブのすべてが派手な柄で、ロビーに入ったとたん、周囲にいたお客がぎょっとした。

「すいません。自転車、どこに置いたらいいですか?」

サングラスを外した客の顔を見ると、予想外の年配のカップルで、それにも驚かされた。ロビーで応対した私は、たまたま通り掛かった明美に案内するように命じた。

夕方、アネックスには、肉を焼くいい香りが充満していた。ごちそうに胸ふくらませる人々の顔は、幸せに満ちていて、私も高揚した。

レストランの中央に据えたワゴンで、松田が大きなカットプレートに載せたイチボの塊肉を披露すると、お客から歓声が上がった。塊肉はそれぞれの皿に大胆に切り分けられ、トリュフの薄切り、地元産の有機野菜が添えられた。噛むほどに肉のうま味を堪能できるメインディッシュに、お客は満足していた。

脳みその煮込み料理に拒絶反応を示す客はいなかった。それを知っている、食通と呼ばれる人たちが、わざわざやってきたのだ。松田は狙いが当たって嬉しいのか、終始機嫌がよかった。

「今日のお料理に合うワインを……」

小澤はお客から好みを巧みに訊き出し、ワインセラーに長いこと眠っていた最高級ワインを勧め、合計数十万円の売り上げに貢献した。

私は、小澤がソムリエの資格をもっているということをこの日初めて知り、部下という資源に無関心だったことを反省した。

「甲斐さんですよね？」

男女二人連れ客の女のほうが、突然私に声を掛けた。

「はい。支配人の甲斐です」

「甲斐さん、私のこと覚えていない？」

女は、名刺を差し出した。スギオアーキテクツ代表、杉尾亜嵐《すぎおあらん》と記されている。あっ、と古い記憶がよみがえった。

数年前銀行員のとき、融資の内部手続きの仕事をしていた私に、デザイン事務所スギオアーキテクツの融資申し込み書類が回ってきた。決算書などをもとに格付けをし、融資の起案書をつくるのが私の業務だ。亜嵐の事務所について審査を進めていくと、運転資金は潤沢で、借金する必要がないのは明らかだった。

銀行は、金が欲しくてたまらない企業ではなく、返済能力の高い企業に貸したいのだ。スギオの担当であるやり手の支店長代理の顔が過った。

支店長代理が不在のときにやってきた亜嵐を思わず呼び止め、面談ブースで向き合った。

「銀行の言うことを聞いておかないと、今後助けてもらえなくなると、経理のものが言うの。本当は断りたいのよ」

と亜嵐は本音を言った。心底困っているという様子だった。

「今おカネを必要とする案件がない、と言って構わないのです」

と、私ははっきり伝えた。一回り以上年上だが、どこか世間知らずな雰囲気の亜嵐を放っておけなかったのだ。ずいぶん大胆なことを言ったものだと、あとで振り返って冷や汗が出た。

会ったのはその一度きりだ。

「急に会いたくなっちゃったのよ。あなたの銀行の人に聞いたら、甲斐さんはとっくに転職したっていうじゃない。この旅館、意外に簡単に分かったわ」

亜嵐は私のことを覚えていて、探してくれたのだ。私の古巣の銀行と取引が続いていることにも、今更ながらホッとした。

「温泉場にはあまりいないタイプのお嬢さんだね」

亜嵐に同伴している男が口を挟んだ。

「ねぇ甲斐さん、このあとバーで一緒に飲まない？」

亜嵐は旧知の友のように私を誘った。

「申し訳ありません。私、ナイト勤務なので……」

「お願い。一杯だけおごらせて。私、甲斐さんに会いたくて来たんだから……」

一時間後の約束をして、テーブルを離れた。

午後五時と七時三十分からの二回転のディナーでは、いずれもお客は美酒に酔い、料理を褒め称えて部屋に引き上げた。松田がホッとして私に握手を求めた。掌から一本気な心が伝わった。

バーで、亜嵐とその連れの男が待っていた。

亜嵐は、銀行での私の対応を今でも忘れられないと言った。

「銀行にも顧客本位の人がいるって知って、びっくりしたわ。中小企業の社長って、銀行の人にびくびくしているものなのよ。でもね、甲斐さんに会って、言いなりにならなくていいんだって分かったの」

亜嵐は、自分は一度離婚していて、連れの男は恋人なのだと、私的なことも開けっぴろげに語った。


この日、夜半から急に大雨が降ったが、翌朝は嘘のように晴れあがっていた。

朝早くに会計を済ませ、出て行ったサイクルウェアの夫婦が、五分もせずエントランスに再び姿を見せた。こういうとき、フロント担当はヒヤリとする。不満や苦情をぶつけられることがあるからだ。私は、内心縮み上がった。

正午に、アネックスのラウンジで、口コミ向上プロジェクトの第三回会合が行なわれた。直前に珠珠庵の料理長から松田に、前日の牛スジカレーの残りが届けられ、居合わせたプロジェクトのメンバーで味見することになった。

美味しいね、千三百円はいい値段だね、など和やかだったのはそこまでで、小澤が、今週の口コミです、と言って、刷り物を配付すると急に重苦しくなった。相変わらず、3点台の前半をうろうろしている。

「昨日の口コミは、結構上がるんじゃないの？」

松田は饒舌だったが、他のメンバーは口を開こうとしなかった。

「どのように進めましょうかね。提案があれば、お願いします」

小澤が促したが、皆固い表情を崩さない。

「支配人、今日オブザーブされたのは何かあってのことですか？」

小澤は横目づかいで、恐る恐る私に振った。

私は「笑顔で挨拶したところで口コミアップにはつながらない」と小言を伝え、プロジェクトとは……、と教育するつもりでいた。

しかし、直前に目的は変わっていたのだ。

「実は、皆さんにお伝えしたいことがありまして……」

一同はビクンとして緊張した。

「さきほど発《た》たれたご夫妻の話です。長くフランスにお住まいの方でした。ノルマンディー地方のオーベルジュに比べて遜色ないと、お料理には大変満足されていました。松田料理長ありがとうございます」

「あっ、いやぁ……。牛一頭料理は瀧本さんの発案だからね。それに、経費の削減にもなった。長いつき合いの仕入れ先にも恩を返せた。それは支配人のおかげだよね。こっちこそ礼を言いたいよ」

松田は、実のところ裏表のない人間なのだ。

「そのご夫妻は、昨日ロードバイクで見えました。ご趣味だそうです」

皆、いったい何の話をするのか、という顔で私を凝視している。

「朝方まで、激しい雨が降っていましたね。ご夫妻はチェックアウト後、サドルが濡れているのを覚悟で駐輪場に向かわれました。でも、野ざらしだったのに、サドルだけではなく、ボディにもしずくがついていませんでした。そして、ハンドルに鳥楓亭の新しいフェイスタオルが入ったポリ袋が掛けられていたそうです」

参加者が、少しざわざわとした。

「おそらく宿の人が自転車を拭いてくれたのだ、そして、タオルが必要なことがあるだろう、と置いておいてくれたのだ。それが分かったご夫妻は、いたく心を動かされたと、わざわざフロントに戻ってお礼を言ってくださいました。こんなにさりげなく、細やかなサービスは初めてだと」

話しながら私自身の心が揺さぶられ、最後は声が震えた。

「ありがとうございます」

皆に深く頭を下げた。

彼らはできるのだ。お客さまのために何かしたい心をこの人たちはもっている。いつだってそうしたいのだ。だから、鳥楓亭で仕事をしている。

プロジェクトメンバーは、誰だろうと互いに見合った。

「原田さん、あなたですね」

私は、自分から言おうとしない明美を名指しした。

「いえ……。ただ、私は……」

「原田さんすごいよ」

小澤が言うと、明美は顔を赤らめて、何度も首を振った。

「話してよ」

設楽に促されて、明美はやっと口を開いた。

「お客さまが、気がつかなくったってていいんですよ。喜んでくれるお客さまを想像したときに、自分が幸せな気分になるだけ。私、それでいいんです」

「報われましたね」

栞が明美の手を握った。気の強い明美の目に光るものがあった。

このとき、私のなかで、はっきりと何かが切り替わった。

従業員を信じてこなかった自分が恥ずかしかった。彼らのもてなしの心、という資源を見過ごしていた私は支配人として失格だ。財務の管理ができるくらいで、何を今までおごっていたのだと思ったら、涙が滲んだ。

「あれっ。支配人、鼻、赤いですよ」

小澤が、嬉しそうに言った。

「まじすか。支配人にも赤い血が流れているんすね」

上野が声に出した。

皆が明美を賞賛している姿を見ながら、脳裏にジェニファーの顔が浮かんだ。彼女が私に伝えたかったことに、手が届きそうだった。

「私が欲しかったのは、口コミの数字じゃなく、これなんだと今分かりました」

言いながら、ずっと背負っていた気負いが嘘のように解けていった。

「おもてなしのプロとして働いている皆さんを見くびっていました。松田さんのお料理、小澤さんのワインサービスの技能、原田さんのもてなしの心、こんなに素晴らしい資源があることを見過ごしていました。申し訳ありません」

八人に向かってまた頭を下げた。自分が心から素直に詫びることができて、すがすがしかった。ＲＳＪ本部での成功体験など一切忘れようと決意するほど、私にとって鮮烈な出来事だった。


帰り道、隣の駅まで足を延ばして買い物をし、帰途についた。

「もしかして甲斐さんですか？」

と寮のロビーで若い女に声を掛けられた。女は、少し鼻にかかった声で、珠珠庵の佐々木晶子ですと名乗った。

「あっ、ジェニ、いえっ、オカミの餌のことを掲示してくださった佐々木さん……」

「はい！」

「鳥楓亭の甲斐です。私の部屋にちょっとお寄りになりませんか？」

晶子は珠珠庵の宿泊兼企画担当だと自己紹介した。ＲＳＪのエリア社員として採用になり、珠珠庵に配属になって入寮したそうだ。地方のテーマパークに五年間勤務したが、郷里に戻りたくて転職したのだという。

ドアの前にいたジェニファーは部屋に入るとすぐに身をくねらせ、顔をベッドのフレームに擦り寄せた。

「あら、オカミ、甲斐さんによく懐いてるわね」

と晶子がジェニファーを撫でた。

（ちゃうねん。早う、ゴハン欲しいんや！）

私は、わざわざ隣の駅のペットショップまで行って仕入れた最高級猫ご飯の封を切った。

（わっ、わっ！　なんやこの匂い。初めてやぁ！）

「すごい。何ですか？」

晶子も驚いて覗き込む。

「ジェ……オカミ、これは北海道産シカ肉のとろとろミルク煮込みよ」

（早う。早う！）

皿に入れると、ジェニファーは、ガッ、ガッと音を立ててむしゃぶりついた。

「オカミが肥ったのは、甲斐さんが美食をさせているからですね」

晶子はうふっと笑った。

（うまいわ～。シカ肉、たまらんわ～）

「ほんのお礼の気持ちよ」

「えっ？」

ジェニファーに言った言葉に、晶子が反応した。

「いえっ。ちょっといいことがあったので、オカミにも美味しいものをと思って」

(知っとるでぇ。永理子さん、今日のこと……)

ジェニファーは、あっという間に食べ終わると、満足そうにソファーに横になった。

(あれでいいんや。あとは考えて進めばいいんや。ほな、お休み)

ジェニファーは、晶子の横で目を閉じた。

「珠珠庵はどうですか？」

私から訊ねた。

「支配人が勉強させてくれるんです。それからうまくいき始めました」

「勉強？」

「一部個人負担があるんですけどね、他の施設に泊まっていいんです」

「えーっ！」

「従業員は、まずレポートを書いて申請するんです」

「佐々木さんはどこに？」

「金沢の前田屋です」

「うらやましい！」

他施設を視察させることは、従業員を成長させそうだった。しかし、今の鳥楓亭では、研究開発費の支出など夢のまた夢だ。

「それからね、初詣と夏の花火のあとは、街が汚れるんで、従業員で清掃ボランティアをするんです」

「すごい！　余裕があるんだぁ」

「余裕？　ないですよ。でも、お客さまに来てほしいから、街も大切にしようって、そこは全員一致しているんです」

珠珠庵の再生についてひとしきり話したあと、晶子は自室に引き取った。

「なぁ、永理子さん」

急にジェニファーの声が聞こえた。

「起きたの？」

「まず何からやるつもりや」

私は、これまでのマネジメントから、大きく舵を切ることを決めていた。まだぼんやりとしているが、とにかく昨日までの私ではないという思いがみなぎっている。

「ジェニファー、もう一度聞かせて！」

「まぁ、シカ肉のとろとろミルク煮込みが美味しかったから、教《おせ》えたるわ」

「うん」

「いいもの出すために、悪いものを出し切ることや」

「はい。そして、何をもってお客さまに喜んでもらうか、だったわよね」

「そうや、それをいつもみんなが考えているのがええんや。難しいことやあらへん」

私は、明美の行動から、それが特別な技能ではないと実感していた。ただお客さまの喜ぶ顔を想像して、それを考えることを自分の喜びとしている。自然に動ける仲居がこんなにも身近にいたのだ。

この事業再生は、従業員それぞれが考えることが突破口だ。考えさせるのが、私の仕事なのだと、やっと腹落ちした。

「何度もゆうけどなぁ。考えるだけで楽しいねん。仕事してて心が喜ぶねん。結果出えへんくても、揺らがないねん。諦めずにそこに向かえるねん」

明美も、松田もそうだったのだ。プロとして答をもっている。向かう先が欲しいと言った瀧本も、求めていたのはそこだ。

「楽しく働くことは、怠けることとやあらへん」

仕事だから楽しいわけがないという私の固定観念は、このとき霧が晴れるように消えた。

「お客に心を向けさせることが支配人の仕事や。そこから従業員は鳥楓亭で働く意義を見つけるんや」

ジェニファーの言葉が、長い間暗闇にいた私の道しるべとなって強い光を放った。

4章

『思い』を持ち寄って、一本にしたい

ジェニファーに言われた悪いものを出す取り組みを、すぐに開始した。空き時間のある従業員を探したところ、期せずして最初に明美と事務所のブースで向き合うことになった。

「原田さん、時間を取ってくれてありがとう」

私の言葉に微笑んだ明美の貌《かお》には、沈殿していた澱《おり》のようなものがなくなっていた。前回のプロジェクトミーティングで、明美の内面にも何かが生まれたのかもしれない。

「話を聞かせてほしいのですが、五人一緒ではなくていいですか?」

「はい。やっぱり銘々がちゃんと支配人と話をしようということになったんです」

明美は、これ、と言って紙を取り出して私に示した。

手書きの丸文字が並んでいた。

最初の『手待時間《てまち》を労働時間として認めてほしい』という項目が目に入った。料飲の従業員は、朝食のサービスのために午前六時前に出社する。朝食の配膳のあと一人はラウンジに残り、他は夕食の時間まで休憩になる。その待機時間も労働時間として賃金を要求しているのだ。ＲＳＪでは手待時間は労働時間と見ていない。もしこの要望を飲むと、人件費が一気に跳ね上がる。

「フロントは、私たちが休憩していると、批判的な目を向けるんですよ。さぼっているわけじゃないのに」

明美が口にしたのは、宿泊担当に対する不満だった。

「料理人は、献立にない注文があると、断れって言うし。お客さまは材料があるんだから、できるだろうって。ひたすら頭を下げるのは、いつも仲居ですよ」

「それは、せつないですね。原田さんは、お客さまの喜ぶ顔が嬉しい人ですから……」

明美は、はにかむように少し笑った。

「厨房は仲居を馬鹿にしているんです」

その口ぶりから、大方の仲居が料理部門にいい感情をもっていないのが伝わった。

手待時間の扱いは難しい問題だ。給料はＲＳＪの規定に合わせなければならない。それは私が本部勤務のころから、一番強く推進してきた経費削減策だ。

「手待時間について、もう少し聞かせて」

相手から情報を引き出して、背後にある利害を知る、というのはジェニファーに最初に教わったことだ。

「勤務が四時間ずつに分けられて、間に九時間と七時間の休みがあります。拘束されていないけど、どちらも気が休まらないんです」

「その通りね」

しかし、仮に明美の要求を飲んで手待時間を労働時間として換算しても、連続した自由時間の確保にはならない。

「手待時間をつくらないシフトにできないでしょうか」

明美も同じことを考えていた。そこに何らかの改善の秘策が隠れていそうだった。

「考えたいですね」

私の言葉に、明美は口元をほころばせた。

「……支配人、私、ここにいさせてください。鳥楓亭で納得できる接客をしたいんです」

明美は、私をまっすぐ見て言った。私は明美と心が共振している気がした。

「よろしくね。原田さん」

要望のリストの二番目には、ユニフォームの新調とある。

「ユニフォーム……」

「はい。これは私だけではなくて、他の仲居も……」

「ええ」

「私たち、洋装に替えられないでしょうか？　レストランだから和服より合うと思うんです」

「なるほど」

「……お金が掛かることはダメですか？」

「いいえ。少し時間をください。いい宿になるためにお金を掛けられるようにしたいの」

私自身がそれを切に願っていた。

「理由は、他にもあるんです」

「他に？」

「何となく、黒服組に下に見られている感じがするんです」

バーでサービスしている小澤や里奈、そして宿泊は黒いスーツ姿で、和装の仲居だけは配膳さん、と呼ばれるのだという。そんなことが彼女たちのプライドを傷つけていたのだ。

「それと……。支配人のスーツ姿がかっこいいから、みんな憬れているのかなぁ」

明美は、私と見合って笑ったあと、さっぱりした顔になった。私は、

「いい話を聞けました。考えさせてください」

と課題を預かった。

明美との話は、一人で帳簿を見ていては出会えないひらめきを与えてくれた。一番遠いと感じていた人が、問題解決の示唆を与えてくれたのだ。

小澤は、これまで表立って反対意見を主張したり、反抗的だったりしたことはなかった。そのため私は、大勢に流されるタイプだという先入観をもっていた。

「いろいろ不満があると思うんです。聞かせてください」

小澤はしばらく逡巡したあと、口を開いた。今まで見せなかったもの悲しい顔だった。

「亡くなった女将がですね、私たちに経営のことを何も言わなかった。だから、ＲＳＪさんが再建を図ると聞いたとき、それは私にとって寝耳に水で……」

「はい」

「飲み込めませんでした」

「そうですか」

「病状を知らされずに、問答無用で手術台に載せられた感じです。それはないんじゃないかと……」

「はい」

「でも宿泊部門は知っていたはずなんだ。彼らはいつも秘密主義ですよ」

小澤の胸には割り切れなさが渦巻いていた。

「こんなこと支配人に言うのは見当違いだということは知っています」

何に怒りをもっているかを、小澤自身も摑み切れていないようだった。

「いいえ、聞かせてください。私は理解した上で、再生を進めなければならないんです」

「分かってもらえれば、それでよかったのかもです」

「そうですか。話を聞くのが今になってしまって、ごめんなさい」

「甲斐さんて、なんか、正直な人ですね」

私たちは、見合ってふふっと笑った。小澤はこの人懐こさが資源なのだ。

「私本当は、バーがなくなることを心配しています。今、部屋でくつろぎたいお客さまが多くて、夜は暇です。だから足を運ばせる魅力が欲しいんです」

「魅力ですか……」

「都会のホテルバーは、宿泊客じゃなくても利用しますよね。そういうわざわざ足を運ばせる店にしたいんです」

小澤は、空想しているのか、一瞬宙を見た。

「いいですね」

「それから……アネックスのラウンジは、開店休業状態です」

「そうですね……」

「私、アネックスができるとき、嬉しかったんですよ」

「ええ」

「お客さまが大勢来て、昼はラウンジを利用して、夜にはバーを利用する」

「はい」

「そんな願いは、どこかに行ってしまいました」

「その願いのイメージを詳しく教えてください」

私は、小澤の心のなかにある景色を見たかった。

「いいんですか⁉」

「もちろん」

「バーにもラウンジにも、他の宿からお客さまが来るんです。ラウンジには朝、コーヒーを飲みに来る地元の常連さんもいる。居心地のよさについ足が向いてしまう……」

「いいですね」

「小澤さんがいるからここに来るんだよって、言ってもらいたいんです」

小澤は、少し照れた。従業員皆が、あなたがいるからここに来る、と客から言ってもらえるようになり、それを張り合いにして働けたら……。私は急に鼻の奥がツーンとして、目頭が熱くなった。きっとそういう宿にしたい。

「ラウンジは違う使い方ができないでしょうか」

私は思いつきをつい口走った。

えっ、と言って小澤は身を乗り出す。

「通りから見えるようにすれば、お客さまが入ってくるんじゃないでしょうか」

「できるでしょうか?」

「外からの景色をガラッと変えるんです」

駅から坂を上って、曲がるとアネックス前の植え込みが見える。その景色を変えたい。そこに幸せを感じて吸い寄せられるような。

「テラス席も欲しいわ」

私は、湧き出てくるイメージのまま続けた。

「はい!　支配人、ぜひ……やりましょう!」

小澤との会話も私に強烈なインスピレーションを与えてくれた。一礼して出て行くとき彼は目の際を少し赤くしていた。

料理部門の入江孝太《こうた》は、松田が楯になってきたのか、本人が敬遠していたのか不明だが、これまで私を避けてきた。夕食前のわずかな時間に事務所にやってきた。料理部門ではムードメイカーだと上野から聞いていたが、神妙な顔でブースに座った。もうじき三十歳で、松田の片腕としてメインの仕事も任されている。

「入江さん。入江さんがこの仕事をしていてよかった、って思うのはどんなときですか?」

顔を見たら急にその質問が浮かんだ。

「えっ。この仕事をしていてよかった……」

「ええ。楽しいとか、嬉しいとか……」

「自分にできることが増えて、料理長に少しずつ認められるときです。でも、松田料理長には全然追いつけません」

「そう」

「支配人はどう思っているか分からないけど、松田さんはすごい人なんです。自分はまだまだですけど、でもいろいろ任せてもらえるようになりました」

入江が松田を通して、自らの成長を実感していることが伝わった。

私も同じだ。ここに赴任しなければ、今頃は本部で天狗になっていた。それを想像すると恥ずかしい。苦しい二か月間だったが、自分の成長こそがやりがいの源だと思える。

そして今、私の張り合いは、従業員の考えに触れられることだ。彼らは答をもっている。

引き出せば必ずあるのだ。

「不満があったら聞かせてほしいの」

「不満……」

「給料のこととか……」

「それは、料理長に一任していますから……」

入江は、ＲＳＪ規定の給料になったことは意に介していないようだった。

「支配人は、割れ窓理論って知っていますか？」

小さな破損を見過ごさないことが、凶悪な犯罪の抑止になるから、割れ窓を放っておいてはいけないという話だと、うろ覚えの記憶があった。

「詳しくは知らないわ。教えて……」

「何か不備があると、たとえば部屋の汚れとか、壁紙の破れとか、そういうものをお客さんが見ると、ここの旅館は乱れていると思う。延《ひ》いては、料理をまずく感じる。だから、ペンキの剝がれとか、食器の欠けとか、床の汚れを放っておいちゃいけないんだと……」

「ええ」

「料理長が教えてくれて、調理場は、だから徹底してますよ」

入江は、なぜか涙ぐんでいた。

「もっと話して」

「でも、配膳はダメなんですよ。自分の職場なのに、丁寧に手を掛けようって気がない。テーブルの清掃もずさんです」

「そうなの」

「いつもお客さまに応対しているから、逆にお客さまの目に麻痺してるんですよ。自分は、配膳も料理人と同じように料理を大事に思ってほしい……」

純粋に仕事に向かう入江の、少年のような面差しがまぶしかった。

丁寧に腰を折って一礼し、入江は部屋を出て行った。


三人との話をすぐにでも瀧本と共有したかった。なぜ瀧本なのか、その理由は自分でも不明だった。

瀧本は、私が赴任した当日、再生するならとっととやり方を教えろ、と発言した。感情を摑めない相手だった。そして、予約サイトの残部屋数を操作してきたことが分かった。背任行為とも言えるその所業に、私は怒りをもった。瀧本は、自分たちにとってささやかな楽しみは、仕事が楽なことだと言った。だが一方で、牛一頭料理のプランを提案した。そして経費削減よりもっとお客さまのためにできることがあると吐露したのだ。

話をすると、何かを突破できそうだった。

チェックイン業務にあたっている瀧本をバックヤードで待っていたが、午後八時を過ぎてもなかなか戻らない。

フロントに回ると、姿勢よく立っていた。

「到着していないお客さまがいるの？」

「はい。連絡はいただいています」

「夕食は？」

「松田さんだけ残ってくれています」

松田はプロなのだと、私は改めて感心する。

「サービスは？」

「仲居は帰しましたから、私が行ないます」

「瀧本さんが？」

「常連さんなんです。ワインがお好きなので、小澤さんにもお願いしています」

小澤もソムリエとしてアテンドするということだろう。

「あっ、すみません。支配人を通さずに……」

私の指示を仰ぐべきことを、瀧本は勝手に決めていた。だが、小言は後回しにした。

「話をしたいんですが……」

「例の面談ですか？　私は、最後でいいですよ」

瀧本は、いつも通り淡々としていた。私が言葉を探していると、静かな声で言った。

「支配人と話をした三人は、皆、気持ちが落ち着いたようです」

「そうですか。よかった……」

「何か摑めましたか？」

「いい話を聞けました。皆さんの不満を何とかすることが、お客さまにご満足いただくことにつながりそうで……」

私自身、まだ解決策を見出せてはいない。

「じゃあ、聞かせてください。メインまでサービスして、あとは小澤さんに任せます」

フロントから戻るとき、痩せた瀧本の背中が、少し大きく見えた。


私は、帳簿を睨んでいた。蛍雪園に設置した真空調理機は大活躍だ。牛一頭に続いてアワビ、マグロなど様々な新鮮食材の大量仕入れが行なわれ、松田を中心に五軒の料理人が蛍雪園で一気に捌いて、真空処理し各旅館に運んだ。もちろん、五軒ともそれを目玉にしたメニューをホームページにアップしている。

購買の工夫は、仕入れ額の削減につながったが、鳥楓亭の稼働率が上がっているのは週末だけだった。収益は微増で、二か月目も借金の元金返済には遠い数字だ。

3点台に留まっている口コミを何とか上げて、稼働率につなげることが急務だった。あと四か月で財務を改善しなければ、鳴海は鳥楓亭を畳んで、RSJとの契約を解除する。与えられた時間の三分の一がすでに経過していた。

食事のサービスを終えて瀧本が戻ったのは、十時を回っていた。

私たちは、アネックスのラウンジに行った。

「支配人にとって、いい話を聞けたんですね」

「うん。……でも、何から話そう……」

瀧本はまたあの感情の分からない目を私に向けて待っていた。

「皆、初めに出てきたのは、他部門に対する不満だったわ。それは無理解から来る話だと思ったの。それを解消したい」

「ふむ。それぞれどういう不満をもっているんですか？」

「仲居さんは、アイドルタイムなのに自分たちがさぼっているように思われているのは心外だと……」

「それはあるかもしれないですね。みな他部門のシフトには関心がないですから」

「手待時間を労働時間として認めてほしいとも言っていたわ」

「無茶だな」

確かにそれは無茶だったが、明美は手待時間をつくらないシフトにできるのではないかと発想を切り替えた。それは私も考えたいテーマだった。

「料理人がイレギュラーメニューのご要望に協力してくれなくて、お客さまに頭を下げなくてはならないのは仲居だとも……」

「料理人は、仲居が受けた注文に、ウンと言いたくないんですよ。おかしなプライドだ。頼んでいるのはお客さまなのに」

「そうなの」

「宿泊に対する不満も出たんでしょうね」

「ええ。料飲は、宿泊が秘密主義だと言っていました」

「ああ。個人情報や収支に関する情報が入ってきますから、選《よ》り分けるよりは、全部言わないと決めてしまったほうが楽なんです」

その判断は、瀧本らしかった。

「料理は、仲居さんたちが小さな補修や清掃を気づいてもやらない。そのせいでお客さまが料理まで美味しく感じられなくなるって心配していたわ」

瀧本は、よく分かるというようにうんうんと何度かうなずいた。

「それらがいい話ですか？」

「うん。うまく言えないけれど、ヒントになりそうなの」

「皆の不満を何とかすることが、お客さまの満足につながりそう、なんですね」

瀧本は私の前言を覚えていてくれて、繰り返した。私は一気に思考を促された。

「互いの誤解や、わだかまりがなくなる方策が、口コミ向上と同じところにある気がするの」

「つまり……、小さい不満や部門間の対立を凌《しの》ぐ、もっと大きな何かのために働いていると全員が理解して、目指せば……」

そこに私の言葉をつけ足すと、陳腐になる気がして、私はただ大きくうなずいた。瀧本が、真剣な顔になって思索するのをしばらく待った。

瀧本は、何度か瞬きをして話し始める。

「何をもってお客さまに喜んでいただくか、私たちが行なうべきサービスは何なのか……」

「はい」

「それを考えたいです。与えられるものではなくて、皆で考える。何て言うんでしょうか、『思い』を持ち寄って、一本にしたい。全員がそこからブレなくなれば、支配人がおっしゃったように問題は消えてしまうように感じます」

心はそこに同意しているのに、私は胸が詰まって何も言えず、ただうなずいた。私が追い求めていた答が、瀧本の言葉として静かに降りてきた気がした。

次の口コミ向上プロジェクトは、小澤に代わって瀧本が進行役を行なうと報告を受けていて、私も傍聴させてもらった。小澤は板書の担当に回った。クローズ時間のラウンジにホワイトボードが持ち込まれていて、瀧本はその前に立って一同の顔を見た。

「口コミ向上を目指す前に、話を皆さんから聞きたいと思っています」

瀧本は、いつもとは違う口調だった。うまく言えないが、全員を巻き込む勢いのようなものがある。

「私たちは、お客さまの笑顔が見たくて仕事をしているはずなんです」

それを否定するものはいなかった。

「ですから、私たちがこの鳥楓亭で働いている意義を一緒に考え、ともにそこに向かいたいんです」

主旨を述べると、全員が少しざわついた。

「意義って何？　なんか大げさだよね……」

松田が反応的に質問し、瀧本が応じた。

「じゃあ、松田料理長から聞かせてください。お客さまにどういうふうに喜んでほしくて、仕事をしていますか？」

「えっ。どういうふうに……」

松田は、質問の意味を取れずに戸惑っているようだった。

「松田さん、お客さまに何て言われたら嬉しいですか？」

小澤が、口を挟んだ。

「俺はね、友達が遠くから来たら、どうもてなすかっていつも考えているよ。そりゃあ、地場の食材でご馳走をつくるよね。この街のいいとこも知ってもらいたいしさ。心もお腹も満足って言われたらいいなぁ」

小澤が、「友人のように心とお腹を満たす」とホワイトボードに記述した。

「じゃあ小澤さんは？」

瀧本に促され、小澤は、ホワイトボードの脇から一歩踏み出して、話し始めた。

「僕は、僕の周囲半径五メートルの空間をやすらかにしたい。はは……」

照れ隠しに笑ったが、小澤らしくて、皆がうなずいた。

「どういうサービスで？」

今度は我慢しきれずに、私が口を挟んだ。

「ご要望は何でも叶えてあげられる人でありたい……」

「何でも……」

「たとえば、今日彼女にプロポーズするから演出してとか、親をどうにかして喜ばせたいとか。三十年ぶりの食事会を準備したいとか。そんなことを最初に相談するのは小澤さんだねと言われたいです」

うんうんとうなずき、声を出したのは明美だった。

「私はいつも、また帰ってきてねって思います」

「帰ってきてくれたら、何でもてなしをしようと思う？」

瀧本の質問に明美は少し迷った様子だったが、松田と入江を見て、言った。

「うちのお料理、他では味わえないでしょって、いつもスゴく自慢に思っています」

凝縮していた空気が、ふわぁっと溶けた感じがして、しばらく全員が無言になった。

「本当かい？」

のどの奥から声を絞り出したのは松田だ。

「本当ですよ」

巽口同音で答えたのは、明美と小澤だ。示し合わせたようだったので、皆が笑った。

「本当ですよ。料理長」

ダメ押しのように設楽が言った。

松田は、うつむいて、静かに男泣きした。その場にいた全員が、何も言わずその気持ちを受け入れていた。

「原田さんなりにお客さまを喜ばせたいサービスがあるんじゃないですか」

瀧本が、話を明美に戻した。

「私は、さりげない気配りで、それは、伝わらなくてもいいから、他と違うと感じてほしいです」

小澤が、ホワイトボードに「さりげない気配り、他と違う」と書いて、言った。

「ふーむ。皆さんも聞かせてください。鳥楓亭で仕事をして、お客さまにどんなふうに喜んでもらいたいか」

瀧本の働きかけにそろそろと手を挙げたのは、栞だ。

「私は、お客さまにフロントがあなたでよかった、と言ってほしいです」

「それは？」

瀧本が促した。

「お客さまにとってフロントは初対面です。私、自分がお客の立場のとき、意外に緊張しているんです」

「そうだね」

「で、会話で、安心してほしいんです」

「会話で？」

「たとえば当館を選んでいただいてありがとうございます、って言うと、結婚記念日なんですよ、なんていう話が聞けて、何年目ですか、二十年です、のような行ったり来たりのやり取りで、お客さまに安心してもらうんです」

「いいねぇ」

瀧本がしみじみと言った。

「そりゃあ、厨房に言ってくれれば、なんかできるんじゃないですか？　特別料理。ねえ、松田料理長」

入江が口を挟んだ。

「協力しなきゃ、あかんなぁ」

松田が照れ隠しの関西弁になった。

小澤が記した文言が、ホワイトボードをどんどん埋めていく。

「僕の話、していいですか？」

存在感の薄い設楽が、手を挙げた。全員が、仲間の話に刺激され、自分の思いを話したいと、前のめりになっていた。

「僕、お客さまは、ここに見えるまでに物語があると思うんですよ。恋人同士の初めての旅行かもしれないし、何か理由があって金を張り込んだのかもしれない。物語は人それぞれで、水入らずでいい時間を過ごしたいなら放っておいてあげることも大切だと思うんです。だから、濃密にかかわるよりは、さりげなく、さりげなく……」

設楽の話は的を射ていたが、言い訳のようにも聞こえて、全員が笑った。

「物語があるって、その通りだよね。いいキーワードだ！」

瀧本が言って、小澤が板書した。

「上野は？」

瀧本に促されて、上野は立ち上がって、皆を見た。

「僕は、皆さんのように高い意識をもって仕事をしてきませんでした。すんません」

頭を下げるのを見て、小澤がちょっと手を挙げ、話し始めた。

「それ、違うよ。瀧本さんに引き出されて話したけど、僕だって、いつもちゃんとできているわけじゃない。でもさ、このホワイトボードにあることが皆の思いとしてできれば、同じものを目指せるし、口コミも上がるんじゃないの？」

「そうですよ。私は上野さんの接客をお手本にしています。上野さん、先日の話をしてくださいよ」

栞が声を出した。

「あっ。ああ……。実は、僕が夜勤のときに、男性が急に苦しみ出してぇ」

「えっ、知らなかった」

私はつい声を漏らした。

「で、ＡＥＤで処置して、救急車にバトンタッチしたんすよ」

「上野さん、少し前に保健センターにＡＥＤの研修を受けに行ったんですよ」

栞が口を挟んだ。

「なぜ言ってくれなかったの……」

永理子さんが聞かへんからや。ジェニファーの声が突然聞こえた。

「ごめんなさい。私のせいね、多分」

慌てて訂正すると皆が爆笑して、その場はますます和んだ。

「僕は、安全って基本だと思うんです。っつうかぁ、食品の衛生と、施設の安全とお客さまの安心。それを一番大切にしたいんすよね」

私は、上野の視点に感心した。小澤が「食品の衛生、施設の安全」と板書した。

「あのぅ、ちょっと訊いていいですか？」

おずおずと手を挙げたのは、入江だ。

「前から気になってたんですが、ＲＳＪって何の略ですか？」

そう言えば何だろうな、などと皆が口々に言った。

「ＲＳＪは、レジオナル・サポート・ジャパンの略です。レジオナルは地域、サポートは支援という意味です。旅館やホテルの再生だけではなく、それを通じて地域の活性化をしようというのがＲＳＪの使命であり、社名の由来です」

私が説明すると、

「レジオナル、なんて温泉のばい菌みたいだよな」

「レジオネラ菌ですよ、それは……」

「うちは掛け流しで、対策もしっかりやっていますから、大丈夫っす」

松田のボケに、小澤が突っ込みを入れ、上野が生真面目に説明した。

「その地域活性ってのも俺たちの働く意義なんじゃないの？　みんな結局はこの温泉街を愛してるんでしょ」

松田の一声に、反応は薄かった。旅館の再生がままならないのに、他人様の面倒までは見られない、というのが本音だろう。

「支配人はどうですか？　帳簿の数字以外になんかありますか？」

瀧本が、皮肉を込めて質問した。私は、ホワイトボードを埋める「何をもってお客さまを喜ばせたいか」の数々が宝物のようで、しばらく眺めていたかった。

「この話し合いを部門ごとに広げていって、最終的にはみんなで共通したものを目指せないでしょうか」

私がそう言うと全員が、うんうんとうなずいてくれた。

「俺、うまく進行できないからさ、瀧本さんと小澤さん、調理場でもやってよ。時間の調整はやるからさ」

松田が言うと、設楽が料飲部門でもお願いしたい、と手を挙げた。その依頼を、二人は快く受け入れた。

「私もこれから考えて仕事をしたいし、皆さんの話を聞けて、嬉しかったです」

栞が言った。

「誤解してたこともあったね」

入江が言った。

私は、悪いものを出し切る取り組みを続けていて、立て続けに十人と面談した。宿屋の従業員は、心は温かく、お客のことを考えている。しかし自己顕示欲は極端に低い。意見を求めると皆一瞬口をつぐむが、引き出せば考えをもっている。私は、そんな彼らに一気に親しみを覚えた。

施工会社の立花がやってきた。半日作業をして、劣化している個所を補修してくれたのだ。事務所に顔を見せたとたん、

「エリンギちゃん、痩せたね」

と驚いたように言った。

「松田さんて料理長と、小澤さんて人が補修を喜んでくれたよ。バーはずいぶん感じが変わった」

「ありがとうございます。これでいい新年を迎えられます」

私は席を立って、深く頭を下げた。

「道具を揃えておくと言ったら、仲居さんたちも、修繕すると言っていたよ」

「本当ですか？」

「大丈夫。彼女たちは、真面目にやる人たちだ。導けばいいだけだ」

立花は、額に薄く浮いた汗をぬぐって、私の机の前に座った。

「何人かに聞いたけど、エリンギちゃんのことは褒めてたよ」

「嘘でしょう」

「いや嘘じゃないよ。不満を聞いてくれるって」

「聞いてますけど、解決していないんです」

「いや。聞いてあげるだけで、安心する。それで、顧客満足まで上がることだってあるよ」

じゃぱんの口コミ評価は、毎日チェックしている。数日で、3点台の後半に総合評価が上がっていたことが明るい兆しだった。口コミ向上プロジェクトは、まだ具体的アクションを起こしていない。だが、何かが変わろうとしていた。

立花はあずさが淹《い》れたコーヒーを啜った。

「実は、ラウンジを街のカフェのようにできないかと考えています」

私は、小澤から「地元の常連さんが、居心地がよくてつい来てしまうようなカフェ」というイメージを聞いたときから、直感的にそれがきっとできると捉えていた。

「ちょっと行ってみようか」

チェックイン時間を過ぎているのだが、ラウンジは閑古鳥が鳴いていて、仲居が一人カウンターのなかに所在なげに座っていた。

「街のカフェっていうことは？」

「宿泊客以外の利用も、ということです」

立花は、ラウンジの窓をメジャーで測り始めた。

「ああ。通りに面してるんだね」

「はい。夜遅くまで人通りはあります」

立花は、立てつけが悪くなった窓をやっと横に引いた。開けなくなって久しいのだ。

「前の植栽を取り払うことは可能？」

「オーナーの許可を得られればできます」

「窓の一つを出入り口にしたら、通行人は旅館のラウンジだとは思わないね。独立したカフェとして、繁盛すると思うよ」

「費用、どのくらい掛かりますか？」

立花はしばらく考えていた。

「そうだなあ。八百万。いや、もっとかなぁ。……金は掛かるけど、チャンスになるよ」

予測していたが、八百万は大きい。

「僕、素人だけどさ。この街には美味しいカフェがない。快適な空間をつくれれば、駅の反対側の別荘の住人も固定客になる」

私の思い描いている景色を、立花が言った。

「エリンギちゃん、いいデザイナーに頼んで改装したほうがいい。出費を抑えたいのは分かるけど」

デザイナーという言葉にひらめくものがあった。

「立花さん、杉尾亜嵐という女性のデザイナーを知っていますか？」

「スギオアーキテクツの？」

「はい」

「彼女は、飲食店の内装や美術館の設計をしている。ほら、軽井沢のアララパラダイスが話題になったけど、スギオの作品だよ。知り合い？」

「ええ、ちょっと」

「裕福な家の出で、なんか作品にもそういう匂いみたいのがあるよね」

「高いんでしょうね」

「高いだろうね」

二人で同時に溜息をつき、この話は終わりになった。

立花と話し込んでしまい、招集がかかっていたジェニファーの餌やりミーティングを危うくすっぽかしそうになって慌てて駆け込むと、珠珠庵の晶子と蛍雪園の石橋がジェニファーに餌をやりながらロビーで待っていた。

私とほぼ同時に参加したのは、ホテルジョアの桑原芳樹《くわはらよしき》で、互いに自己紹介した。ホテルジョアは、ペットの同伴が可能な宿で、半年前にRSJがコンサル契約した。桑原の前職は東京のペットショップの店員だったそうだ。その経験を買われて、ペット同伴旅館ホテルジョアで宿泊担当をしている。

「あの甲斐さんですか……」

桑原の言葉は、含みをもっていた。

「私、多分、よからぬ噂をされてるんですよね」

「まさか！　いえね。うち、最近支配人の木下《きのした》さんが辞めたんですよ」

木下真奈美《まなみ》は本部時代は私と机を並べていて、本当は犬が嫌いだった。だが、経費削減に自信をもっているいわゆる辣腕で、気炎をみなぎらせてホテルジョアに乗り込んだ。

皆がロビーの椅子に腰かけた。

「木下さん、実は甲斐さんが支配人になったことを意識していまして、ここ数か月はがむしゃらに経費削減していました」

私はどう反応していいか分からずにいた。

「辞めた理由は?」

石橋が訊いた。

「稼働率が一気に下がったことだと思います」

皆、他人ごとではない。ジェニファーの餌の件は、どこかに行ってしまっていた。

「木下さんは、ペット同伴の旅館を知らなすぎました」

「旅館を知らなすぎたってどういうこと?」

晶子が、桑原に畳みかけた。

「ジョアはドッグヤードをなくしたことで、ブランドを崩壊させたと思います」

ブランドの崩壊という言葉が、耳に残った。

「何が何でも黒字にしようと、経費の削減だけをやっていました。ドッグヤードの土地が担保になっていたんで、それを手放せば楽にはなりますが、お客さまの不満、稼働率の低下という悪循環に陥りました」

全員が溜息をついた。

「どういう考え方が大切なんでしょう?」

敢えて投げかけてみた。石橋の膝で寝ていたジェニファーが、首を上げた。

(永理子さん、人の話に耳を傾けるようにならはったなぁ)

皆には、やはり聞こえていないようだ。

「さっき桑原さんが悪循環って言ってたけど、それを断ち切る発想の転換が大切なんだと思うんです」

石橋が、話し始めた。

「ブランドは一朝一夕にはできませんからね。そのブランドを求めるお客さまの満足を高めるところに、徹底的に金と労力を使うんです。それ以外の部分で粘り強く経費削減する」

ホテルジョアにはペットの飼い主というターゲットがあり、求められることも分かりやすい。

鳥楓亭のお客が求めることを明確にしたかった。経費の削減を進めても、手放してはいけないものだ。それを全員でブランドとして育てていけばいいのではないか。

「どちらも主役はスタッフですね」

私は石橋の話に納得して言った。

（そやそや。正解や。あたしが教えることのうなったなぁ）

「ニャー」

「オカミが、甲斐さんに何か訴えているぞ」

石橋が言った。

「蛍雪園さんはＲＳＪ直営だから、本部がＯＫすれば、ある程度できると思うんです」

桑原が、話を戻した。

「ジョアは無理なんですよ。オーナーに金がない」

桑原がうなだれた。私にとっても難関は、まさにオーナーの鳴海なのだ。

鳥楓亭から渓流までの林は、ヤマモミジより一回り小さいイロハモミジなのだと松田が教えてくれた。

今年は赤が鮮やかだから、きっと寒さが早く来るわね、と常連客と仲居がロビーで話しているのが聞こえる。

次の口コミ向上プロジェクトが行なわれる日、出社してきた栞と上野は、午前中からいきいきとしていて、

「今日、支配人も参加されますか？」

と親しげに聞いてくれた。

「もちろん！」

我ながら声が弾み、胸がじんわりと満たされた。

瀧本が有志の参加もＯＫとしたことで、参加者が二人増え、総勢十人がラウンジに集ま

った。

「支配人から何かありますか？」

小澤が、気を利かせて私に振った。

「補修をしました。で、補修の道具が事務所にありますから、自由に持ち出してください」

皆が、一斉にうなずいた。

「もう一つ、皆さんにご相談なんです。実は、夕食のコースのデザートと飲み物なんですが、場所を変えて、本館のバーで召し上がっていただいてはどうかと思っています。どうでしょう」

小澤は、とても驚いた顔をした。

「人手は間に合うんでしょうか」

明美が言った。

「はい。バーの人員を増やすつもりです」

レストラン食になってゆとりができた仲居を回すつもりだった。

「狙いは何ですか？」

瀧本が質問した。

「はい。バーを利用していただくことです」

メンバーがざわついた。

「コースの飲み物にお茶だけではなく、プラス料金でブランデーなどの食後酒も加えます。ご希望があれば、スイーツからフロマージュに変えるのもいいのではないかと思っています」

「それ、いいと思います」

最初に反応したのは、小澤と一緒にバーを担当している岩崎里奈だった。本人の希望で、この日ミーティングに初めて参加していた。

「今、デザートが終わると、お客さまはお部屋に引っ込みますが、場所を変えると気分が変わります。アルコールはお代わりにつながりやすいから利益も出せます」

里奈は普段無口だが、考えは思いのほかしっかりしていた。

「仲居がレストランから本館のバーまでご案内したほうが親切ですね」

言いながら、設楽がメモした。

「僕、嬉しいです……こんなに早く……」

小澤は、また涙ぐんでいた。

「このプロジェクトでは毎回誰かが泣くな」

瀧本が珍しく冗談めかしたことを言った。

「支配人が泣かせるんだよ。俺たちをさぁ」

松田が言って、全員が笑った。

「では、明日からバーでデザートということでいいですか？　今月は人員が足りなければ、私が入ります」

と私が言うと、続けて松田が、デザートのサービスについて二、三の細かな指示を小澤にした。初めて参加していたタイ人料理人のソムチャが、

「あとで私、バーにデザートをもってく。そして説明する」

と片言の日本語で言って気遣いを見せた。仲がいいとは言えなかった料理部門と料飲部門の垣根がなくなっていくようだった。

「それから、このミーティングで皆さんに考えていただきたいことがあるんです」

出しゃばってはいけない、と戒めていた。だが、これだけは皆に考えてほしい。私は、小さく深呼吸して話し始めた。

「経費の削減を進めるなか、私は大切なことを見失っていました」

全員がこちらを凝視した。

「鳥楓亭のブランドです。お客さまの満足に直結するところは、大切に守っていかなければならないんです。気づかせてくれたのは皆さんです」

「あれだろう。ほら……」

と、松田が声を出した。

「鳥楓亭で俺たちが働く意義っていうやつだよね」

「そうです。皆さんがお客さまに何を買っていただきたいか、それを鳥楓亭の共通ビジョンとして言葉にしたいんです」

「支配人、部門ごとの話し合いも進んでいますよ」

小澤が用意していた刷り物を配り始めた。瀧本とともに、空き時間に各部門の数人に声を掛け、「何をもってお客さまに喜んでほしいか」の聞き取りを行なった結果だ。二人の聞き取りを終えた従業員に出くわすと、皆不思議とさっぱりした様子になっている。それは、忘れていた初心に触れ、心が浄化されるからだと私は思っていた。

小澤が配付した紙は「滞在中のわがままな要望を叶えたい」「コース以外の献立に応えたい」「要望を超える提案をしたい」「特別な日は記憶に残るサービスをしたい」などと、綺羅星のような言葉で埋め尽くされていた。

「もともと僕たちのなかにあったんですね。なんか、文字になると嬉しいな」

「マジで、思いが凝縮していますねぇ」

「でも、ここから鳥楓亭の共通ビジョンにまとめるのは難しそうだなあ」

皆口々に感想を言った。

「このプロジェクトですが、ブランドプロジェクトに名前を変えませんか」

瀧本が言って、全員が賛成した。私はぶるっと震えた。それが喜びからなのか武者震いなのかは分からなかった。


その週末は紅葉見物のお客で稼働率が七十%になった。ラウンジ改装の件を進めたい。相談相手はやはり瀧本しかいなかった。瀧本は午前十一時半にチェックアウト業務を終え、事務所に戻ってきた。

「お疲れさま。悪いんですが、三十分くらい時間もらえないでしょうか」

「じゃ、ラウンジで話しますか?」

廊下ですれ違う従業員の顔が、心もち変わってきた気がした。

「みんな支配人を避けなくなりましたね」

瀧本に言い当てられたことは、悔しかった。

「情報交換しているんですよ」

「情報交換?」

「ブランドプロジェクトや、支配人との面談について。話はあっという間に広がります。

直接話した人は、みんな支配人を好きになりますよ」

普段軽口を叩かない瀧本の言葉に、私は頬が熱くなるのを感じた。

「負け癖がついていたんですよ、従業員に。だから口を開けば上の悪口ばかりでした」

「はい」

「最近は聞かなくなりました。これからは勝っていきますよ」

瀧本が言うように、従業員が負け癖から脱すればお客さまをもてなすことに気持ちが向かう気がする。

テーブルを挟んで座った。ザーッと音を立てて降り始めた時雨《しぐれ》が、生垣のサザンカの葉からしたたり落ちて、本格的な冬が間近なことを告げた。アネックスと生垣の間に敷かれた白い玉砂利も濡れそぼっている。地方だからこその贅沢な敷地だった。

「瀧本さんに意見を聞いておきたいことがあるんです」

「なぜ私なんですか?」

瀧本はまた、シンプルで答えにくい質問で切り込んできた。

「口が堅いから、かな」

「はは……。分からないですよ。意外にリークしてるかも」

私は、それはないと踏んでいた。瀧本は私と同じところを見ているという実感がある。

志と言い換えられるかもしれない。

「実は、このラウンジを改装したいと思っています」

外から直接入れるドアをつけて、宿泊客以外を対象にしてはどうかと簡単に述べた。問題は資金だった。

「鳴海さんがウンと言うでしょうかね」

瀧本も同じところで引っ掛かった。

「試算して、プラスになると確信すれば、投資する気になるんじゃないかしら」

瀧本は、またしばらく考え込んだ。集中すると顔をしかめ、内面に閉じこもる癖にも、私は少し慣れていた。

「支配人、確か、手待時間の問題がありましたよね」

「ええ。仲居が手待時間を労働時間として認めてほしいと言ったわ」

「こういうの、どうでしょうか。早番は、朝食、カフェ。遅番は、カフェ、夕食、バーをやる」

カフェがある前提で話は始まっていた。

「手待時間が少なくなるシフトね！」

「でも、もっといい方法があります」

「もっといい方法？」

「フロントも加えるんです。すると、三交代を基本にしてシフトを組めるので、手待時間はゼロにできます」

瀧本は、そこに問題意識をもっていて、シミュレーションしていたようだった。

「朝食、チェックアウト、カフェが早番です。カフェ、チェックイン、夕食が遅番です。カフェ、バー、泊まりのフロントがナイト勤務です」

「すごい！　もしできたら……」

頭のなかをいろいろなことが瞬時に回った。手待時間がなくなれば、仲居の不満は一気に解消する。

「カフェが開業すれば、人員のだぶつきもなくなるから、リストラしなくて済むわ！」

雨が上がっていないのに、窓から薄日が差した。

「問題は、資金ですね」

瀧本の言う通りで、ユニフォームを買い替えるにも、ラウンジの改装にも、とにかく先立つものが必要なのだ。

「店舗デザインの業者さんに、見積りだけでも依頼してはどうですか？　突破口が見つかるかもしれません」

その言葉が、私の背中を押した。

ジェニファーは寮のロビーまで迎えに来て、口を開けて笑った。

「シカ肉のミルク煮込み、まだ残っているやろ」

と私の内面にチューニングしながら、足にまとわりつくように進む。

あれは、特別な日のご馳走なのよ、と心で言うと、

「特別やろう、今日は……」

と、また意味深な笑みを浮かべた。カギを開け、部屋に入った。

「早う。シカ肉……」

皿にシカ肉ミルク煮込みを入れると、ジェニファーは、飲み込むようにむさぼった。

「最近、みんなゴハンくれへんねん」

「ジェニファーの肥満を心配しているのよ」

「あたしは肥満やない！　隣のタマちゃんのほうがムッチムチや。美食してはるからなぁ」

ジェニファーは、またたびウォーターを一気に飲んだあと、重い身のこなしでベッドに飛び乗った。

「今日が特別ってどういう意味？」

伸びをしているジェニファーに訊いた。

「永理子さんは、周りから教わるゆうことが、できるようになってきた。それでええんや」

「そうじゃなくて、今日が特別って？」

「好きなんやろ。瀧本はんのこと……」

「えっ⁉」

私の狼狽をよそにジェニファーは目を閉じた。

「あたしにはお見通しや」

「変なこと言わないでよ！」

「今日は少し接近してはったなぁ」

ジェニファーはむにゃむにゃと呟いて、それきり起きなかった。

5章

サービスゆうんはナマモノや

スギオアーキテクツは横浜のみなとみらい地区にある高層ビルに入っていた。エレベータを降りると、大きな窓から桟橋に入港している大型のクルーズ船が見えた。

「お時間をいただき、ありがとうございます」

私が頭を下げると、事務所のエントランスで迎えてくれた亜嵐は、

「甲斐さんなら大歓迎よ」

と気さくに案内してくれた。広いロビーには、デザイン・施工前後のパネル写真とパースが掲示されている。どれも街の景色を変えていた。

ロビーの一画に設えてあるアクリルの応接テーブルに促された。

ＲＳＪが宿屋の再生会社だということを告白すると、亜嵐は承知していた様子でうなずいた。必然的に低予算だということも伝わる。

私はラウンジ改装のプランを話した。

「杉尾先生に依頼できるかどうか、実はまだ分からないんです。説得しなければならない人が何人かいて」

「ええ」

「ですが、予算が見えないと、話もできません」

正直に内実を伝えた。

「甲斐さんのイメージを聞かせて」

駅から続く鳥楓亭前の通りを変えたい、という大胆な計画に、亜嵐は忽《たちま》ち同意した。

「カフェで通りの物語性が一気に変わるわ。施工はちょっと大掛かりになるけど」

「やっぱり……」

「角を曲がると、吸い込まれる感じがいいわね」

それは、私のイメージ通りだ。

「うちはね、内装だけではなく、ファサードと植栽、什器《じゅうき》、ユニフォームを総合的にプロデュースすることを提案していてね」

コストというハードルがみるみる上がっていくようで、溜息が重くなった。

「ロゴの提案もします。これはオプションだけどね」

「ロゴ……」

「こういうカフェはね、利用者が瞬間的にイメージできる識別マークが必要なの」

「ブランドづくりですね」

「そう。軽井沢のアラララパラダイスも、それで成功したわ」

アララパラダイスは、別荘の住人を取り込むことに成功しているカフェで、早朝から客が訪れると話題になっていた。テイクアウトにも対応していて、地元で働く人も大勢利用するという、まさにお手本にしたいカフェだった。

「何坪？」

「十五坪弱です」

「一坪最低八十万。総額千二百万ってところかな……」

「あのぅ、最低じゃなくて、最高で教えていただきたいんです。最初に伝えた金額以上は出してもらえません」

亜嵐は、私を宥《なだ》めるように柔和な表情を見せた。

「大丈夫。施主さんが欲を出さなければ、一坪八十万でかなりいいものができるわ」

「もう一ついいですか？」

「ええ。どうぞ」

「ユニフォームは、館内と統一させたいんです。そこには、働く人たちの拘りもあって。

それは相談して決められますか？」

亜嵐はまた微笑んで、心配しなくて大丈夫よ、と言った。

「それからもう一つ」

「なあに？」

「席数はどのくらい取れるでしょう？」

「二十五から、頑張っても二十八くらいかなぁ。外のテラスをたしても三十六」

私は、メモした。

「甲斐さん、いい。カフェは見た感じ以上に空き椅子があるものなの。一日五回転くらいで計算しておいたほうがいいわ」

二十八席で客単価が四百円とすると、五回転して月商百六十八万円。魅力的な数字だ。

しかし、資金繰りに困っているからこそＲＳＪと組んだ鳴海を上機嫌にさせる材料は、まだ何も出ていない。ここにきて千二百万円の改築にウンと言わせるだけの、確実な根拠もないのだ。

ユニフォームの話までしたが、帰りの私の足取りは重かった。

通用口から事務所に入ると、チェックイン時間で誰もいなかった。そこに、原田明美がひょいと顔を出した。

「支配人、外回りだったんですか?」

「ええ。なかにどうぞ。何かあったの?」

明美は、にこにこしながら、後ろ手に隠していたスマホを、私の顔の前に出した。

「やっとです!」

その画面は、予約サイトじゃぱんの鳥楓亭の口コミページで、総合4・1の評価が掲載されていた。4点台は待ちに待った数字だ! 私は明美と手を取り合って喜びを分かち合った。

料理、サービスに4点以上。その他は3点台の後半だった。そこに顔を見せたのは、松田と入江、ソムチャだ。

「支配人」

「料理長……」

松田は相好を崩して歩み寄ると、何も言わず私の両手を握った。松田の掌は、いつも私の小さい手を包んでくれる。同志だと思った。明美と入江たちも手を取り合って喜んでいる。

「どうかしましたか?」

出社した戸川あずさが、騒ぎに驚いて訊いた。

「口コミ総合評価が4点台になったの！」

明美に示されたスマホ画面を見て、あずさは走ってフロントに出て行った。すぐに、上野と栞、後ろから瀧本が駆け込んできた。

「やったー！」

上野が両手でガッツポーズをつくり、栞とハイタッチした。瀧本が私に向けて拳を小さく挙げたので、私も同じように拳骨《げんこつ》をつくった。

さらに驚くべきことに、ネットの評価がタイムラグなしで稼働率に反映した。ＲＳＪの勝ちパターンの兆しが見えてきて、私は赴任して初めて、ほんの少し息ができた。

口コミの内容を精査した。仲居がさりげなく掛ける言葉の温かさ、面倒な依頼をしたときのフロントの迅速な対応、料理の丁寧さなど、人絡みのレビューがほとんどだ。統一ビジョンの完成を待たず、従業員が自走し始めていた。

何としてもラウンジを改装したかった。カフェができれば、鳥楓亭が抱える課題の突破口になる。いや。カフェをつくらなければみすみす目の前にある利益を捨てることになるのだとさえ感じる。

その日、何人かが事務所に顔を見せて、口コミ評価アップを話題にした。皆、嬉しそうで、私は一人一人に感謝を述べた。

これが、ジェニファーに言われて実践した「従業員を信じること」の、初めての成果だった。


午後七時前後に鳴る電話は、決まって本部からだ。新宿はそろそろ帰り支度の時間なのだ。私自身がそうだったように、現場に指示を伝えて、その日の業務を終える。

旅館にとっては、もっとも迷惑な時間帯だった。

「甲斐さん、永田《ながた》です」

私の後釜である本部社員の永田唯香《ゆいか》だ。銀行からの転職で、経歴も私と似通っていて、数字を細かく読む。

「コストの削減なんですが……。今月はあと七十万必達でお願いします」

月に七十万円の削減を簡単に要求されることに腹が立つが、そこができなければ債務が減らないのは、自明の理だった。

「食材と重油の購買、給料カットで、これまでも成果が出ているはずです」

「純利が上がっていません」

「すぐには上がらないのは本部だって分かっているはずです」

「だからこそ、まずはコストを下げるしかありません。人員削減最低二人はお願いします」

私の言い分に聞く耳をもたず、唯香は経費削減をリストラに結びつけた。

「確か、仲居が五人、辞めたいという話でしたよね」

「あの話は手をつけていません」

「なぜですか？　チャンスじゃないですか」

唯香に鳥楓亭の事情を理解させるのは困難だった。

「数字だけでものを言わないでください。安易に退職勧奨すれば、残ったものの心が荒れます」

「甲斐さんの言葉とは思えませんね。赴任前に本部とグリップした計画ですよ」

唯香が、せせら笑っているように聞こえた。結果が出なければ、本部内での私の評価は下がる。だが、人員を削減する前にやれることはまだあると私は確信していた。

私は説得するのが虚しくなり、お茶を濁して電話を切った。

フロント業務が一段落して戻ってきた瀧本が、私のデスクに近づいて訊いた。

「今朝はどうでしたか？」

亜嵐を訪問した結果を質しているのだ。

「ダメ」

「ダメとは？」

「とても鳴海さんが受け入れる金額ではないわ」

「高いんですね」

「千二百万」

「確かに高い。……他もあたりますか？」

他のデザイナーが念頭にないわけではなかったが、今はその可能性を排除していた。

「駅から出たときに、あそこに何かありそう、という景色になってほしいの」

「違うんですかね、デザイナーで」

スギオアーキテクツに依頼すれば景色が激変する。私の直感とも言えるその判断を説明するのは難しかった。

本部から命じられたあと七十万円のコスト削減。唯香は、二人のリストラで適うはずだと簡単に言う。そしてそれを先送りすれば鳴海がコンサル契約を解除するかもしれない。

瀧本から聞いた、戦争のように忙しい時間帯に本館の布団敷きをする件も何とかしたい。外部に委託する手もあるが、人件費がプラスになる。些細な問題から早く片づけて、皆を楽にさせたかった。

月末近くになると、鳴海が電話をしてくる。事務所のデスクで受けると、無駄に大きな声が聞こえた。

「甲斐さん、重油の仕入れ先なんだけど……」

「はい」

「高須燃料から買ってもらえない？」

収支の確認ではなかった。高須燃料は、重油の入札で連続して羽生田商会に負けている。

「一円差だっていうじゃない。だったら、俺の顔立ててよ」

愚かな話だった。高須燃料一社から買うことになれば、言うがままの金額になる。たった一円と思っていることが、月に数十万円の価格上昇になり、過去の間違いを繰り返すことにつながるのだ。

さわやかな高須の顔が浮かんだ。鳴海にもあの笑顔でとり入ったのか。

しかし今、鳴海のへそを曲げたくなかった。ラウンジ改装の話を飲んでほしいのだ。

「私もお話があるんです。お時間をいただけますか？」

「いいよ。これから工場のほうに顔を出してよ」

鳴海の水産加工会社は、港の近くにある。車だとほんの十分ほどの距離だが、足がなければ不便な場所だ。

「鳴海さんの工場に行くなら送りましょうか。手が空《す》いてますから」

電話を切ると、瀧本が珍しく気を利かせた。マイカー通勤で、鳥楓亭の隣地の月ぎめ駐車場を借りている。

「鳴海さんは、女将が亡くなってから一人暮らしなのかしら?」

「いえ。今、娘さん夫婦と住んでいます」

車を発進させながら瀧本が説明した。無駄口を叩かないだけで、事情には意外に通じている。

「娘さんは鳥楓亭を継ごうとは思わなかったのかしら」

「ないでしょうね。鳥楓亭の女将は、家族と確執がありましたから」

死んでまで道楽につき合わせるわがままな女、と以前鳴海が言っていた。

「旅館の女将は、家庭が二の次になりますから、子供は寂しい思いをします」

「なるほどね……」

しかし鳴海は鳥楓亭を売り払わなかった。

「鳴海さんの気性は?」

「仕事に打ち込むし、曲がったことはしないと聞いています」

「じゃあ、なぜ入札に横槍を入れてくるのかしら」

「頼まれると、男気を出すんでしょうね。高須さんは営業上手ですから」

瀧本は車を工場の玄関ドアの前に横付けし、車で待っていますと言った。

工場内では、大勢の労働者が雨合羽のような作業衣を着て魚を捌き、ベルトコンベアに載せていた。鳴海も従業員とともに包丁を片手に作業していた。

目の前のステンレスシンクには、アジの頭が山積みになっていて、立ち込めたはらわたと血の臭いで、私はもう少しで吐きそうだった。

「こういうところ、初めてかい？……慣れれば何でもないよ」

建物の外階段を上りながら鳴海が言った。

周囲には野良猫が何匹もいた。

「この街、猫が多いですね」

「地熱があるからね」

「地熱？」

「温泉地だから」

「ああ」

「うちの従業員も餌をやっているよ。外国人は寂しいからねぇ。猫が愛人」

鳴海は一人悦に入って笑った。

二階の事務室は窓が大きく、外に、凪の静かな海が広がっていた。冬とは思えないほど強い日差しを照り返している。

私は応接セットで向き合うと、すぐに話を切り出した。

「重油の件ですが……」

「うむ」

「高須燃料から求めたほうがいい理由は何ですか?」

「そうだなぁ……」

鳴海は意外そうな顔をし、窓の外に目を遣った。近くには似たような水産加工場の屋根や看板が見える。

「水産加工は、原料の調達が大変になってきてね。安定を図るためには、地域で取り組んでいかなくてはならない。行政も巻き込んでね」

「ええ」

「今ね、直販センターの建設を進めているんだ。なけなしの財産をはたいたよ。隣に食堂もつくる」

鳴海が椅子から立って、窓の外を指さした。港近くの広大な敷地に、体育館のような建物が建築途中で、周囲では駐車場の整地が行なわれていた。

「地域が潤うことは、ここで生まれ育った俺の夢でね。オープンしたら、干物や加工品のブランドをつくりたいんだ」

「はい」

「直販所のテナントが埋まっていないんだ。まあ、それでね、高須燃料の専務は、法人会のリーダー的な存在でね。巻き込みたいんだよ」

原料の安定調達、直販所のオープン、地域の水産加工品ブランド構築。鳴海の事情がやっと飲み込めた。

「でも諦めるよ。甲斐さんは甲斐さんの仕事をしっかりやりたいだろう。俺が邪魔になっちゃいかんな」

鳴海はせいせいした声を出して撤回した。

私は、バッグに入れてもってきたカフェの事業計画書を取り出した。

「実は……。鳴海さん、私の夢も聞いてください」

鳴海は、事業計画書の表紙を見て、渋い顔になった。

瀧本はシートをリクライニングして目を閉じていたが、私が窓ガラスを叩くと慌てて助手席のドアを開けた。

「どうでしたか？」

「ダメでした」

「どっちが？」

「カフェです。事業計画書も、つぶさに見てくれました。説明も嫌がらず聞いてくれました。でも、鳥楓亭のためにこれ以上借金を増やせないと言われました」

「重油の件は？」

「同額だったら、高須にすることで押し切られました」

「支配人でもそんなことがあるんだ」

「どういう意味ですか？」

「いえ。相手に勝ちを譲ることもあるんだなあと」

数日前、ジェニファーが、瀧本はんを好きなんやろう、と言ったことを急に思い出した。改めて横顔を見た。クールな表情と熱い内面にはギャップがある。

「植え込みの一部を伐採することは了解を得ました。ラウンジの改築はノーなのにおかしな話ですが……」

「改築は他のやり方を考えましょう」

車を発進させた瀧本もまた、ラウンジの改築を諦められないのかもしれない。

鳴海が、鳥楓亭にこれ以上の資金提供をしない、と強い意志をもって決めていることが、はっきりと心に残っていた。交渉の余地が少しもないことが、私をとてつもなく落胆させていた。

昼間の静かな時間に、ブランドプロジェクトが行なわれた。

また参加者が増えて、十五人になった。そのなかの一人は、明美の同僚、と言っても親子ほど年が違う古参の中西麗子《なかにしれいこ》。麗子は言葉やしぐさに人柄が滲んでいて、優しさが伝わる。

小澤が、支配人から何かありますか、とまず私に振った。

「先日、じゃぱんやその他の予約サイトの総合評価が4点台になり、今も続いています。ありがとうございます。今日はまず、皆さんの意見をお聞かせいただきたいことがあります」

私を見る十五人は、われわれに何ができるのだ、と真剣に聞いた。

「今、本館には和ベッドを置いておらず、手隙の人が布団を敷いています。それについて私は、お客さまご自身に布団を敷いてもらってはどうかと思っています」

どよめきが起こった。古株の従業員たちが同意していないことは、一目で伝わった。

「サービスの低下と取られないでしょうか？」

設楽が、珍しく最初に疑問を口にした。

あのぅ、と遠慮がちに栞が手を挙げた。

「私が布団敷きに入ると、お客さまが先に敷かれていることが多いんです。お好きなときに横になりたいんだと思います」

「でも、待っている人もいるでしょう」

「ええ。もちろん。でも、それはそういうものだと思っているからじゃないでしょうか」

設楽と栞の会話は、皆を刺激した。

「ちょっといい。私、イギリスに行った……」

料理人のソムチャがそろそろと手を挙げて話し始めた。

「なに、お前、イギリスに行ったことあるの？」

松田が口を挟んだ。

「そう。イギリスではB&Bに泊まった。オーナーはゲストの部屋に絶対入らない。そこ、プライベート空間ね」

「だから、何だよ。日本のおもてなしは違うだろう」

松田が、ソムチャの頭をコツンと叩いた。

「ええと、打ち出し方次第だと思うんです」

岩崎里奈が挙手して話し出した。

「たとえば『私どもは、基本的にはお客さまのプライベート空間には入りません。ですから、布団敷きをご希望の方は、フロントにお声掛けください』というようなパウチを部屋のテーブルに置いてはどうでしょうか。そうすれば、手を抜いているとは取られないと思うんです」

「お年を召した方にはチェックインのときに、お伝えすればいいんじゃないっすか」

上野が、里奈に賛成した。

「なるほど。それは手かもしれない。うちは掛け敷きともに包みシーツだし、羽根布団で軽いから、扱いは楽です」

設楽も納得したようだった。

上野と栞が、各室に置くパウチづくりを買って出て、試験的に布団敷きをお客に任せることになった。私は皆の知恵に感謝した。チェックイン時間の布団敷きは戦争だと言っていた瀧本がどう感じているのか、その表情からは読み取れなかった。


師走に入ってすぐ、栞が神妙な顔で私のデスクの前に立った。

「支配人、これ、どうしますか？」

庭や生垣の剪定、館内の生花、渓流沿いの林の夜間照明を依頼している造園業者からの見積りだった。ＲＳＪになってから五％程度の減額に応じてくれている。

「これは……」

「門松です」

十万円の見積りだ。上野と瀧本、近くにいた原田明美と入江、中西麗子が寄ってきた。

「門松って十万もするんですか？」

入江が見積り書を覗き込んだ。

「ネットで調べたら、大人の背丈ほどの門松が五万円くらいでもあります」

栞はあらかじめ調べていたことを言った。

「門松って必要なんですかね？」

入江が口をとがらせた。お客は門松があることで年末年始の風情を感じる。

「支配人……」

上野が言いにくそうに口を開いた。

「何？」

「大切なのは、お客さまの気分すよねぇ」

「まあね」

「実は……」

「どうしたの？」

「去年のがパントリーにあるんすよ。竹はまだ青々としていますし、生花を変えれば使えるんじゃないかなぁ」

明美と麗子が噴き出して笑った。

「それ、僕にやらせてください。ナマ花買ってきてデコレーションしますよ。自信あります」

入江は真剣だった。

前月末の数字は、まだ目標には遠かった。皆も知っている。

「でも、縁起物だしねぇ」

私は迷っていた。

「私、絶対誰にも言いません」

麗子が言って、明美と顔を見合わせ、うなずき合った。

「言いません」

明美が言った。

「言わないっすよ」

上野が言った。

「言いません。絶対」

栞が言った。皆が瀧本を見た。

「……えっ！　言いませんよ」


旅館の年末年始は、年越イベントや飾り付け、料理の変更があるくらいで、ルーチンの仕事は普段と変わらない。三が日に出勤した従業員にはスズメの涙ほどの酒肴料《しゅこうりょう》が出る。門松の使い回しは、結局従業員全員の知るところとなったが、不満は一言も聞かれなかった。

その松が取れ、年明け第一回のブランドプロジェクトには、シフトに入っていない従業員全員が、ラウンジに集まっていた。

この日ビジョンが文言になって発表されることになっていて、皆興味を抱いているのだ。ラウンジに入った私は、その場から期待のうねりのようなものを感じた。小澤が、前に出て言った。

「皆さんが話してくれた、何をもって鳥楓亭はお客さまに喜んでいただき、私たちが働く意義を見出すかを、私たちでまとめました」

おーっという声が響く。設楽が灯りのスイッチを切ると、プロジェクターの白い光のなかに、「ブランドプロジェクト」「鳥楓亭が目指すビジョン」の文字が浮かぶ。

「僕らがまとめたものは『もうひとつの物語をつくるお手伝い』です」

スクリーンに、『もうひとつの物語をつくるお手伝い』の文字が映写され、小澤が続けた。

「『もうひとつの物語』には三つの意味が込められています。お客さまにとっての『旅の目的』『非日常』そして『印象』で構成されます」

三つのキーワードがアニメーションで出てきた。

「『旅の目的』はお客さまそれぞれなので、サービスは押しつけをせず、われわれがそれを察したり短い会話で引き出したりして、できるだけお手伝いするということです。『非日常』とは鳥楓亭での体験そのものを指します。食事、空間、癒し、温泉がお客さまを日常から離れた気分に誘う体験だということです」

皆、食い入るようにスクリーンを見ていた。

「それを踏まえて、接客の『印象』が物語となるように、お客さまの潜在的な期待を上回るものにすることを目的とします。あくまでも、サービスする側の自己満足にならないようにすることが鳥楓亭では大事なのではないか、という話が皆さんから聞かれました」

プレゼンテーションが終わり、照明が戻ったとき、全員がピンと来ていない顔だった。

「これって、他の旅館でも言えることじゃないのかしら」

明美が、戸惑った声で指摘した。

「おっしゃる通りです。ですから、鳥楓亭ができる『もうひとつの物語をつくるお手伝い』とは何か、部門長中心に各部門で話し合っていただきたいんです」

小澤が言い終わる前に、数人が腰を浮かせていた。

「話し合いは、来週のミーティングまでで結構です」

小澤は苦笑したが、

「今話し合いましょうよ」

里奈が言ったのをきっかけに、全員が部門長の周りに移動した。

皆が「ああなってほしい」「これをしたい」と思いを主張しながら、ともにアイデアをふくらませていく。

各部門がどういうお手伝いを創造するのか知りたくて、私も気が急いた。これからは従業員一人一人が生み出す『もうひとつの物語をつくるお手伝い』が、鳥楓亭ブランドを形にしていくのだ。

とにかく、このメンバーでブランド構築に向かいたい。目の前で侃々諤々《かんかんがくがく》と声を上げている従業員は、私の大切な仲間だ。私はこのフレーズを心底大切にしたいと思った。

大晦日も元日も頭から離れなかったが、ラウンジの改築をスギオアーキテクツに依頼することは、どう知恵を絞っても諦めざるを得なかった。私は、亜嵐にお詫びの電話をした。

「先生、ラウンジを改修する件についてです。……叶いませんでした」

「そうなの」

「申し訳ありません。お力添えいただいて素敵なカフェを目指したかったのに」

率直に詫びた。

「ザンネンね」

亜嵐の優しく包むような声に、気が緩んだ。

「この計画は、期待感のある景色になることがキモだと思いました。駅からのアプローチが変われば、人の流れが変わると思ったんです。旅行者が通りに期待をもてるって、すごく重要っていうか……。街にとっても」

自分が何を言っているのか、よく分からなかった。

「それ、私がダメだったの？」

「まさか。先生がダメだなんてあり得ません。私がオーナーを説得できなかったんです。

これ以上借り入れを増やせないとはっきり断られました」

声に悔し涙が混じった。

「甲斐さんは何が何でもカフェをオープンさせたいのね」

また会いましょう、と言って亜嵐は電話を切った。

デスクで聞いていた瀧本が私を見た。何も言わないが、味わっている悔しさは同じだという気がした。


すべての予約客が滞りなくチェックインして、フロント業務は一段落していた。食事を終えて、レストランからバーに移るお客の声がロビーから聞こえてくる。談笑しながら案内しているのは、設楽のようだった。瀧本が、

「ちょっと話しませんか?」

と小声で言った。私は、瀧本のその言葉を待っていた気がした。

「忙しいなら今日じゃなくても構いませんが……」

遠慮気味に窺う。

「いえ。話したいことはたくさんあるんです……」

もって行き場のない無念さが収まらず、声が詰まった。

「もし、夕飯がまだだったら、うまいところがありますが。どうですか？」

私もラウンジ改築の話を事務所で行なうのは憚《はばか》られた。

瀧本の車で案内されたのは、地元のすし屋だった。テーブル席が二つと六席ほどのカウンターの小ぢんまりした店で、私たちはカウンターに並んでビールを注文した。

「スギオアーキテクツは？」

瀧本が、すぐに話題にした。

「諦めるしかありません」

「カフェまで諦める必要はないんじゃないですか？」

駅からの動線まで変えようと気負っていた私は、気持ちを切り替えられずにいた。

「私、杉尾先生じゃないと、黒字にならない気がするんです」

「でも、スギオアーキテクツありきの話ではない。安いところを探して、鳴海さんにもう一度話をしましょう」

鳴海の顔が浮かんだ。鳥楓亭の本館・土地建物の市場評価額はおよそ十億。売り払って信金の借金を清算しても、鳴海には金が残る。

「たとえ投資額が下がっても、鳴海さんはウンとは言わないでしょう」

鳴海は海産物の直販センター建設という自分の夢を叶えるために、鳥楓亭をＲＳＪに託したのだ。

無言で箸を進める瀧本も、知恵を絞ってはいるが突破口を見つけられないようだった。

「……これ」

瀧本は、胸ポケットから手帳を取り出し、四つ折りにして挟んでいたＡ４の紙を差し出した。

「もう必要ないかもしれないですが、渡しておきます。あとで見てください」

その紙片を受け取って、私も手帳に挟んだ。

「今のままで稼働率が上がるかしら」

胸にあることがそのまま言葉になってしまった。

「何が一番気がかりですか？」

瀧本に問われ、ブランド構築に意気揚々としている従業員たちの顔が浮かんだ。

「人を切ること」

瀧本は、何も言わなかった。

「カフェができたら、仲間が去らずに済みます」

六年間、本部から人員削減を指示してきた私らしくない言葉だったが、それが真っ先に湧き上がった思いだった。

そのとき私ははっとした。店までは瀧本の運転できたのだ。

「あっ、瀧本さん、ビール。ダメじゃないですか！」

「ここの駐車場に置いていきますよ。オヤジさん、大丈夫だよね。明日の朝動かすからさ」

「朝は、ここまで車で送ってもらうんでしょ。楽でいいねぇ」

店主は、そう言って笑い、私はその先を詮索できなかった。

店を出ると、漆黒の空に立待月が輝いて、二人の影が道に並んだ。白い息を吐いて国道沿いのタクシー会社まで歩いた。


ジェニファーは、ロビーからあとをついてきて、またデビル顔を見せた。

「何？」

「瀧本はんとゴハンかいな」

「うん」

「まっ、ええわ。永理子さん、正念場やなぁ。ちょっと気になるねん」

「何？」

「その前になぁ、永理子さんはあたしに、もーちょっと感謝してもええんとちゃうか」

「感謝してますよ。ジェニファーさま、マグロ猫缶でよろしゅうございますか？」

「それやそれ。晶子さん、最近ゴハンくれへんねん」

ジェニファーは、皿のなかの餌をあっという間に空にして、トイレに走り、そのあとはいつものように部屋中を駆け巡った。私は、砂のなかのジェニファーの排泄物をトイレに捨ててから聞いた。

「気になることって何？」

「銘々がお客に対してどういうお手伝いをするかを考えさせるのはええわ。そやけど、経費はそんなに掛けられへん」

私もモヤモヤしていたことだった。顧客満足を上げるには金が掛かる。

「経費は、都度上司と相談しながら進めるしかないんじゃないかなぁ」

「あほやなぁ。サービスゆうんはナマモノや。従業員がその場でつくって、お客はその場で消費している。いちいち上司に相談してたら生きが悪うなる」

「でも、勝手に決められるのは困るわ」

「工夫次第や。……信じることやで」

手帳に日付を記し、ジェニファーの言葉を忘れないように書きとめた。

現場ではとにかく取り掛かれることから始めた。

布団敷きを行なうことに不服を言うお客はなく、むしろ望まれていたことだと分かった。

部門ごとに「お客さまの期待を上回るには何をするのか」の話し合いが継続していて、口コミの総合評価は4点台から落ちなくなった。なかでもサービスの点がジリジリと上がっている。レビューには、

「満天の星を見ているとき、バーテンダーがさりげなく照明の照度を落としてくれた」

「レストランで布団敷きを頼むと、テーブル担当の仲居さんがそのまま部屋に来てくれた」

「チェックインのときに結婚記念日だと言うと、ワンランク上の部屋にしてくれた」

と、感想が記されていた。サービスを担当した一人一人の顔が私には見えた。全員が『もうひとつの物語をつくるお手伝い』というブランドの担い手として、考え、動いている。

だが私は、仕事に集中できない自分に気づいていた。債務の返済が思うように進まずやきもきしていたのだ。このまま突破口が見えないと、本部からまたリストラを要求される。

「支配人、お知り合いの方がお泊まりです。お部屋に顔を見せてほしいそうです」

上野が持ってきたレジカードには、亜嵐の記名があった。

「お部屋は？」

「翡翠《ひすい》です」

広いテラスに露天風呂を設えたスイートルームだ。私は、バーのヘルプに入るためにし

ていた黒い前掛けを外して向かった。

亜嵐は、前回と同じ男と一緒で、掘りごたつスタイルのテーブルでくつろいでいた。男は、紬《つむぎ》の着流しの上にデニム地の羽織をひっかけていて、散歩中に立ち寄ったような気軽さだ。亜嵐は、備えつけの茶器にお湯を注いで、私に勧めてくれた。

「今日のご馳走は何？」

「お魚はスズキです。ビーツとバターのソースで召し上がっていただきます」

「牛一頭の次はスズキ！」

「ご満足いただけると思います」

亜嵐のまなざしは相変わらず優しかったが、少しいたずらな笑みを含んでいた。

「早速だけど、これ見て」

差し出された書類は、アネックスの水彩パースだった。道路際の植え込みがなくなっていて、開放的なテラスがあり、奥にはガラス張りのカフェが描かれている。テイクアウトの紙コップをもった人が往来する背景には、本館の屋根も見える。

「こっ、これは！」

まさに私が思い描き、憬れていたカフェの情景だった。駅からたった一分歩くと、それが見える。アプローチにテラス席があるのもイメージ通りで、パースにはのんびりと寝そべる猫も描かれていた。実現した場面を想像しただけで、鳥肌が立った。

次のページには、店内のスケッチパースと見取り図があった。

「気に入ってくれた？」

私は、返答できなかった。どんなに素敵なイメージ図を見せられても、無理なものは無理なのだ。

「ちょっとこっちを見て」

亜嵐が出したのは、造作、什器、厨房機器、ユニフォームの見積りだ。

「最大で出してあるわ」

「杉尾先生、ごめんなさい……」

金を用意できない私には切ないだけだ。

「まあ待って。甲斐さん、次のページを見て」

返済計画のようだった。

亜嵐は、小さくふふっ、と笑った。

「それは、内装リース契約なのよ」

「内装リース契約？」

「うちとの間にリース会社が入ります。リースは最大一千万円までだから、うちも一千万円で請け負うわ」

よく分からないが、形勢が変わりそうな予感がした。

「スギオが一千万円で仕事を請け負って、鳥楓亭はリース会社にリース料を払います」

それでは、借金する先が変わるだけだ。鳴海がＯＫしない。

私の心を読んだように亜嵐が早口で言った。

「いい、甲斐さん。これは、借り入れじゃないのよ」

「えっ？」

「経費で落としていくの。最近よくあるのよ。初期費用をかけられないからリースにする経営者。これなら何とかならない？」

私は思わず、あっ、と声を出した。ＲＳＪとコンサル先の契約では、部屋やレストランの増改築に伴う資金はオーナーに決裁権限が、システム、食材、レンタル品などの、いわゆる経費であればＲＳＪに決裁権限がある。

「所有権は、基本契約期間が終わると、リース会社から鳥楓亭に移転するわ。悪い話じゃないでしょ。ねぇ」

亜嵐は、連れの男に同意を求めた。ふむ、と気のない返事をした男は、世事に疎そうだった。

亜嵐は意図していなかったのだろうが、掛け合う先が伊勢谷に変わったのだ！　何とか突破できるのではないか。とたんに希望が湧いてきた。

「その線で頑張ってみない？」

暗闇にいた私に一筋の光が差し、亜嵐のデザインでカフェをオープンしたいという願いが再び胸に溢れた。

畳に手をついて頭を下げた。感謝の言葉が見つからなかった。

「甲斐さん、これは地域への貢献にもなるわよ」

「地域への貢献……」

「あなたは街と一緒に進むべきなのよ」

私には、その話がピンと来なかった。連れの男が、

「女将さんが一番の売りになるんじゃないの。これだけ別嬪《べっぴん》なんだから」

と言った。

「この人、甲斐さんのファンになっちゃったのよ。まぁ、私もだけどね」

亜嵐はいたずらっぽく笑って言った。

「この条件でも、私の一存では決められません。本部の決裁が必要なんです」

「じゃあ、頑張りなさい」

亜嵐は、レストランの時間ね、と言って話を切り上げた。

翌日の日曜日の朝に、亜嵐たちを見送ってから、蛍雪園に行った。

玄関前には、石橋、晶子、桑原など、この地域のＲＳＪ系列の宿で働く従業員が十人ほど顔を揃えていた。全員が観光協会のロゴが入った蛍光色の法被《はっぴ》を着て、竹籠の背負子《しょいこ》を背にし、駅まで歩き始めた。人目を引く集団だった。目的は行楽シーズンを前に街の清掃活動をすることだ。

駅につくと、皆がステンレスのトングでゴミを収集し始めた。

これは小さなパレードだと思った。十数人が揃いのコスチュームで練り歩くと、駅前通りに彩りが生まれる。観光客に「ようこそ」「いらっしゃいませ」「またお越しください」と声を掛けると、そこに小さな華やぎができる。旅行者の心にも印象として残るだろう。

「これ、誰の発案ですか？」

「あの人」

石橋が振り向いて示したのは、初めて見る男だった。

「町の観光課の阿久津《あくつ》さん」

丸顔の、人のよさそうな男だ。皆と揃いの法被だが、阿久津の腹部だけ丸くせり出している。

「観光課とＲＳＪの従業員が交流する機会があって、駅前の清掃をしようということになったんです」

「ふうん」

「阿久津さんは行政のなかでは、頭が柔らかいほうです」

阿久津のように、まず行動を起こしてみようという役場の職員は少ないのかもしれない。

「彼は、健全な危機感をもっていますし、私たちの考えを取り入れる姿勢があります」

「ぜひ紹介してください」

阿久津元《はじめ》とは、その日蛍雪園に設えた懇親会で名刺交換できた。

メンバーたちとは顔見知りらしく、話が弾む。

「阿久津さん、地域活性に大切なことは何だと思っていますか？」

私は、率直に聞いた。

「何をもって活性化した、とするか、推進する人たちに指標があることです」

阿久津は、印象は柔らかいが、話は断定的だった。漠然としているものに向かうと活動は失敗に終わると続けた。

「活気を取り戻すとか、ふるさとをつくるとか、人のつながりとか、ぼんやりしたものはぼんやりして消えてしまいます」

「では、阿久津さんは、何をもって活性化としますか？」

「まぁ、役所の考えではないんですが……」

「ええ」

「町民の平均所得の向上です」

「えっ！」

モヤのようなものが私の頭から一気に取り払われ、いきなり現実が迫ってくる気がした。

「町にお金が入って、経済が回って、雇用も安定する。そうしなくては皆さん方もサービスをよくできないでしょ。所得が上がるのが先か、温泉地としての評判が先か。NOです。ESとCSは、一緒に上げなきゃあかんのです」

CS、つまり顧客の満足を上げたいのなら、ES、雇用されている人の満足にも焦点を当てろ。お客にここに来てよかったと実感してもらうには、従業員がここで働くのが楽しいと思っていることが大切だと言うのだ。

「甲斐さんね、地域活性のほうが、宿屋ごとに顧客満足を上げるより実は速いんですよ」

阿久津を囲んで、勉強会のような雰囲気になった。

「そのためのイベントをやるのはどうですか？」

石橋が早口で訊ねた。

「イベントをやるなら、町がペイする分のリターンが必要です。ないとしたら、自己満足です」

阿久津は、少しひそひそ声になって続けた。

「われわれ役人は、税金を他人の金だと思ってポンポン使ってはいけないんですよ」

皆が笑った。石橋は、次々と質問する。

「そのなかで旅館ができることって、どういうことだと思いますか？」

「いかに来た人に金を使わせ、この金を使ってよかったと思わせるか。それは、イベントに限らず……」

「お財布の紐を緩ませることですね」

晶子が言った。

「そう。北風と太陽理論でね、高いなぁ、と思わせるんじゃなく、これならぜひ出したいと気持ちよく金を使わせること」

すべての産業にそれは言えることだと阿久津はつけ足した。

「心を満足させることですね」

つい自分の口からこぼれた言葉が幼稚で、恥ずかしかった。今まで無関係だと思ってきた地域活性が、私のなかで鳥楓亭の再生と絡み始めた。

週明けの月曜日、朝一番でＲＳＪに行って、伊勢谷に面談を依頼した。カフェの内装リース契約を認めてもらわなければならない。

「おお、甲斐さんか。元気そうだね」

伊勢谷と沙枝が、会議室に笑顔で入ってきた。

「実は……」

「うん。まあ、そう慌てることはないよ。そっちの様子でも聞かせてよ」

急いている私にブレーキを掛けるように、伊勢谷はゆっくりと言った。この三か月あまりの間、伊勢谷とまともに話す時間がなかった。いざ向き合うと、どこから話していいのか分からない。

「甲斐さんが学んだことを話してごらんよ」

私は少し弱ったが、伊勢谷は待ってくれた。

「数字に現れない資産も増やしていかなければなりません」

「ふむ。それは？」

「……はい。人と強みをつくっていくことだと思います」

「人と強み？」

「鳥楓亭にはどちらの魅力もあるんです。それを明確にしてブラッシュアップします」

伊勢谷は、少し考えて、顎のあたりを擦った。

「芳しい報告は上がっていないよ」

「成果は少し待ってほしいんです」

「今日は、言い訳？」

「いえ。違います！　ただ、永田さんは数字しか見ていません。方針が現場にそぐわないんです」

沙枝が思わず苦笑した理由が、私にはよく分かった。異動前の私を重ねているのだ。

「数字のこと、たとえ永田さんが納得したとしても、鳴海さんはダメだよ」

確かに今のままでは、鳴海がコンサル契約を更新しない可能性が高い。とたんに臆病風に吹かれ、私は本題をひっこめたくなった。

「今日は、どうしたの？」

沙枝はそれを察したのか、優しく訊ねた。

「実は、認めてほしい経費があるんです」

私は、書類袋から改築のパースと見積り、事業計画書を差し出した。

「甲斐さんが標榜していた経費削減策には逆行するね」

伊勢谷は、また少し試すように言った。

「鳥楓亭のお客さまだけではなく、街のカフェにしたいんです。駅からの景色が激変します。そしてそれは、鳥楓亭をも支えてくれるはずです」

「ふむ」

「夜は終電まで営業します。今、ラウンジは閑古鳥が鳴いていて遊休資産です。それはもったいない。必ず生まれ変わらせてみせます。とびきり美味しいコーヒーを出します。地域の人を喜ばせます。お願いします！」

「今日はよくしゃべるねぇ。珍しく……」

「カフェが稼働すれば、人員削減をしなくて済むんです。みんなで、『お客さまのもうひとつの物語をつくるお手伝い』をしたいんです」

私は必死で伊勢谷に訴えた。三十三人のスタッフが支えてくれている。私はその思いを代弁しているのだ。

「もうひとつのお手伝い？」

「いえ。『もうひとつの物語をつくるお手伝い』です」

「ん？」

「鳥楓亭ブランドを象徴するビジョンとして、みんなの意見をまとめたんです」

「それが、そんなにいいの？」

「全員が興奮する合言葉です」

私は、言いながら胸が熱くなった。また従業員の顔が次々と浮かんだ。

「リストラが遅れているって報告もあるけど……」

「リストラどころか、カフェが稼働したら、人が足りなくなります！」

伊勢谷は、視線を宙に上げてしばらく考えていた。

「あの通りに、駅から人が流れてくるかなぁ、ねえ。市川さん」

私は、慌てて手帳を広げ、挟んでいた紙片を取り出して二人に示した。

「駅から坂のほうに出てくる人数は多いです。下の道を通って美術館に行く人を、鳥楓亭前に誘導できれば、この数字になります」

それは、すし屋で瀧本から手渡された文書で、駅周辺の人の流れを実地調査した記録だった。調査日の天候、駅前の総通行量、通り別の通行量の数字が並んでいた。瀧本が休みに調査してくれたのだった。

本部で預からせてほしい、と伊勢谷に言われ、私はとぼとぼと帰途についた。

これから沙枝、青島、唯香らと諮《はか》るのだ。月々十八万円弱のリース契約にイエスという答が出るか。唯香は大反対するだろう。数字だけに忠実だ。青島は、鳴海に気を使って、やはり反対するのではないか。それとも、少し大きい視野で捉えてくれるか。沙枝はどう思っただろうか。伊勢谷は……。

「支配人、立ち寄りだったんですか？」

事務所に入ると、あずさが早くに来ていた。

「あら、早いわね」

「今日、ブランドプロジェクトです」

上野もシフトの前に出勤していた。明美と麗子が、朝食サービスを終えて、事務所のブースで休憩し、栞は、パソコンに向かって事務作業をしていた。小澤もひょいと顔を出し、明美たちに加わった。

「本部ですか？」

私が席にバッグを置くと、瀧本が訊いた。

「ええ……」

「呼び出しですか？」

あずさが心配そうに私を窺った。

「ううん。実はね、アネックスのラウンジを改築したいと思っているの」

思い切って打ち明けた。願いが叶わないとしても、このメンバーに秘密にする理由はないのだ。

「本当ですか⁉」

食いつくように私を見たのは小澤だ。

「外から入れるカフェ。デザインまで漕ぎつけたんだけど、本部が……」

「ダメだったんですか？」

小澤が言った。

「いいえ。結論はまだなの」

「社長さんに会えたんですか？」

質問したのは、瀧本だ。

「会えたわ。無我夢中で、何を話したか覚えていないの。でも、事業計画書を置いてきたから、関係部署で話し合うと思うわ」

どんどん弱気になってきた。皆も急に口が重くなった。

そのとき事務所の電話が鳴った。

「お電話ありがとうございます。鳥楓亭、戸川です」

応対したのはあずさだ。

「……あっ、こんにちは」

親しげに挨拶し、私を見た。

「支配人、本部の……」

「えっ！」

「青島さんです」

私は、一番近くの受話器を取った。

「エリンギ？　カフェの話、社長から聞いたよ。……永田が反対してさ」

小澤は頬を紅潮させ、顔を引きつらせている。

「俺も、意見を聞かれて賛成したよ。で、沙枝さんはな……」

じれったい。そばにいた全員が息を詰めていた。

「青島、結論から言って！」

「えっ、社長からまだ連絡ない？」

「ないわ！」

「勇み足だった。忘れて！」

ゴメン、と言って電話は切られた。裁定は下されているのだ。青島らしい最悪のファウルプレイだった。

それを汐《しお》に全員がブランドプロジェクトに向かって出て行った。シフトに入っている栞を残して、私もラウンジに向かった。

ミーティングが終了というとき、私の腰のポケットでスマホが振動した。

「伊勢谷だけど」

「しゃちょう……」

進行していた小澤の口が止まった。

「今朝ほどはありがとうございました」

「うん。あの話ね」

「はい」

「まぁ、やってみなさい」

「えっ。いいんですか⁉」

私の周囲の面々がパッと輝き、瀧本と視線が合った。

「月々十八万円の新たなコストだから、あとは甲斐さんの手腕だよ」

「ありがとうございます！」

「市川さんも賛成だったよ」

「必ず利益を出します」

電話を切ったとたん、叫びながら私に抱きついたのは小澤だった。明美とあずさも、支配人！　と言って両側から私に縋《すが》った。上野が四人を抱く形で、団子になった。全員が叫び声を上げていた。

麗子が他の従業員に「このラウンジを改築できることになったんだって」と説明して、歓声とも雄たけびとも言えない声でラウンジが満たされた。私も極まったが、何とか堪えとおした。瀧本は横で静かに微笑んでいた。


「ようやったなぁ。永理子さん」

その夜、ジェニファーが、私の部屋で猫缶を食べながら言った。

「売り上げをつくっていかなければならない。これからが正念場よ」

「そやけど、残念やったなぁ」

ジェニファーはにやりと笑った。

「何が？」

「小澤はんが抱きついてきよったからなぁ。……ホンマは、瀧本はんと抱き合って喜びたいところや」

瀧本とは、二人で食事をして以来面と向かって話をしていない。あの日、すし屋の大将が、瀧本を車で送迎する人がいると話した。その口ぶりから、女だと私は直感していた。

「あのね、瀧本さんのこと、誤解よ」

「いや。誤解やあらへん。あたしは永理子さんの内面にあることを話しているだけなんや」

「どういう意味？」

「あたしの言葉は永理子さんの深い心にあるものなんや」

ジェニファーは、円を描くように体を丸め、それきり眠ってしまった。

6章

リーダーはどないなときも嘘言ったらあかん

ラウンジの改築には、すぐに取り掛かった。完成までおよそ二か月だ。

私は昼間のレストランに料飲部門と宿泊部門の全員を集めた。

「仲居さんのユニフォームを洋装に変えます」

わあ、という歓声から、仲居たちが待ち望んでいたことが伝わる。

「皆さんには、お願いしたいことがもう一つあります」

この話は、反発の原因にもなる。一か八かだ。

「料飲と宿泊を一つの部門にしようと思っています」

一同は状況がよく分からない様子だ。

「早番には、朝食、チェックアウト、カフェまでやってもらいます。カフェから入って、チェックイン、夕食が中番です。カフェ、バー、フロントを夜勤で考えています」

「私たちもフロントを行なうっていうことですか？」

年配の仲居が頼りない声を出した。飲食サービスだけを行なってきた仲居に拒絶反応があることは予想していた。今更端末操作を覚えたくないというものも出てくるだろう。だがこれで、手待時間の問題が解消されるのだ。

「そうです。料飲スタッフにもチェックイン、チェックアウト、ナイト勤務に入ってもらいます」

カフェの改築が終わるまで、あと二か月。その間に料飲は宿泊を、宿泊は料飲サービスのトレーニングをし、二か月後には部門を統合する。翌日から青島が、端末操作の指導に、四日間連続で来ることになっていた。

古株の仲居、森山幸穂《もりやまゆきほ》が初日で音を上げた。

「支配人、私、ダメですっ」

幸穂は、五十代。スマホなら扱えるが端末は無理、の一点張りだ。確かにこれまでとは系統の違う作業ではある。だからと言って、できないと諦めてほしくなかった。

「私たち、絶対宿泊をやらなくてはダメですか?」

逃げ場を探して、トレーニングに身が入らない。もしここで私が妥協したら、大方の仲居が努力を手放すだろう。

「森山さん、まだ初日じゃない。二か月あります。お願い、諦めないで」

だが、青島の四日間のトレーニング中に、難しいと弱音を吐く仲居が次々に現れた。音を上げる仲居は、できないのではなく、できないと思い込んでいるだけなのだ。仲居の誰かが牽引役になってくれないかと、私は祈るような気持ちでいた。

部門の統合までにマスターしてほしいことを伝え、青島は去っていった。


本部の唯香に電話をした。

「宿泊と料飲を同じ部門にします」

「マルチタスクですね。青島さんから聞いています」

唯香は、乾いた声で応対した。

マルチタスクとは、マルチタスクオペレーションのことだ。料飲、料理、宿泊などに分かれて一部門の作業だけを行なうのがワンタスクオペレーション、部門を統合して一人がいくつか受けもつのがマルチタスクオペレーションだ。

「いいんじゃないですか。料理人を切ると、かなりのコストダウンになります」

唯香は、評論家のように言った。

マルチタスクオペレーションには、コックレス、つまり料理人を置かず運営する方法もある。セントラルキッチンでの調理と性能のいい厨房機器で、素人でもチェーンレストラン程度の料理を提供できる時代なのだ。しかし、本格的料理が売りの鳥楓亭では、それはあり得ない話だ。

唯香は誤解していたが、私は込み入った話になるのを嫌って、説明を省いた。

「トレーニングに時間を取られるので、残業手当が増えます」

必要なことだけを伝えた。

「そんなこと、わざわざご連絡いただかなくても……」

「それに加えて、日中会議がありますから、残業手当が増える従業員が週に数人います」

「それは、手待時間ではないんですか？」

「業務を与えているのですから、手待にはできません」

「この業界で、手待は当たり前じゃないですか」

私は痛みに似た怒りを感じた。過去の私もそう言っただろう。だから尚更腹立たしかったのかもしれない。

「永田さんの当たり前をうちの従業員に押しつけないでください。本部だって残業手当がついているでしょう！」

唯香は、一瞬黙ったあと無機質な声で、一応分かりました、と言った。

「それから、永田さん、一度鳥楓亭に来てください。現場を知ってほしいんです」

唯香は、そのうち、と言って電話を切った。

私は、仲居たちの端末操作の練習につき合った。栞や上野も、彼女たちから質問されれば、快く教えている。

青島から習って二週間以上経ってから、麗子に促され、やっと森山幸穂が練習に来た。麗子は家のパソコンを使い慣れているらしく、端末もすいすいと操作していたが、幸穂は初回に教わった電源の入れ方、ソフトの立ち上げ方すらすっかり忘れていた。

栞が幸穂の横に座る。

「森山さん、とりあえず、チェックインの確認をやってみませんか」

親子ほど年の違う栞に言われて、幸穂は端末を操作したが、繰り返し間違いを指摘されて、舌打ちした。

「こんなの覚えられないわ！」

幸穂がイライラし、栞が萎縮していて、どちらが生徒か分からない。幸穂は他の仲居に悪影響を及ぼすかもしれない。息巻く姿が一瞬モンスターに見えた。

見兼ねて瀧本が栞と代わった。

「森山さん、チェックインのときはまず、ご挨拶して、お客さまのお名前をお訊きしてください。ちょっとやってみましょうか」

「いらっしゃいませ。お名前をお聞かせいただけますか？」

「田中です」

瀧本がお客役を演じた。

「田中さまですね。ようこそお越しくださいました」

「森山さん、エレガントですねぇ。いい感じですよ。フロントをやったことがあるみたいですよ」

「本当？」

「その調子です。お名前を伺ったら、端末のこの欄に名前を入れてください。ひらがなで構いません。どうぞ」

幸穂は、右手の人差し指だけでぎこちなくキーボードを押し、入力している。

「そうです。そうです。た、な、か、もうリストが出ますよ」

瀧本は、根気強く教えた。

「出ました。森山さん、上手じゃないですか」

「意外に簡単。ふふ……」

直前まで滲ませていた苛立ちは消え、幸穂の顔が緩んだ。

「次に、画面のここ『アライバル』と『デパーチャー』を見て、チェックアウト日をお客さまに確認します。どうぞ言ってみて」

「ああ、そっかぁ。えっと。田中さま、明後日までの二泊、お二人さまで承っています」

「そうです！　さすがだなあ。覚えが速い」

「ほんと？」

「その笑顔も、もうひとつの物語になりますよ」

「そうかしら」

瀧本はしばらく練習につき合い、幸穂は嘘のように明るい顔つきになった。

そんななか、通用口に宅配業者がやってきて、段ボール箱がどさりと二つ運ばれた。栞が認めを押し、料飲の制服が届けられました、と声を張り上げた。

「開けていいですか？」

麗子と幸穂は、ビニルに入っている制服を取り出して眺めた。

「今いる仲居に配っていいですか？」

「いいけど……」

「全員、靴を買って待っているんです！」

十分ほど経つと、シフトに入っている七人の仲居が新しいユニフォームを着て、事務所に入ってきた。明美がにこにこして言った。

「支配人！　見てください」

これまでの和装とは、まったく印象が違っていた。インナーは白いブラウスにリボンタイを合わせている。スーツは黒で、細身のパンツかスカートを選べる仕様だ。

「見違えたわ！」

お世辞ではなく、全員が若く、知的に見えた。

「やっぱり洋装がいいわよね」

「今日から替えてもいいですか？」

「そうよね。早く着たい！」

仲居たちの願いを止める理由は何もなかった。このいい感情を接客にもつなげてほしい。七人はよほど嬉しいのかスマホで撮影し合って、はしゃいでいる。そのとき、

「森山さん」

瀧本が幸穂を呼んだ。

「フロントに立ってみましょうよ」

「えっ」

「せっかくスーツになったんですから。さぁ」

瀧本は、幸穂を促し、フロントに出て行った。

同時にエントランスドアが開き、お客が到着したことがバックヤードに伝わって、私は脇のドアから慌ててロビーに出た。

フロントに立っている幸穂は、誇らしげだった。笑顔にはベテランの落ち着きがある。瀧本は後ろで見守っていた。

「いらっしゃいませ」

幸穂は、弾むようなつやのある声で客を迎えた。プロの挨拶だ。

「篠田《しのだ》です」

夫婦らしい二人連れだ。

「篠田さま、ようこそお越しくださいました」

幸穂は、やはり名前の入力が遅かったが、その間お客はレジカードを記入していて、滞りなく進んだ。

遠巻きに、幸穂のフロントデビューを見る私は、子供の入学式に参列する親のようにハラハラした。

幸穂は、ルームキーの扱い方と館内の説明、食事時間の確認を行ない、チェックインを無事にやり遂げた。瀧本がお客を案内して、私の前を通り過ぎて行ったときは、もう床にへたり込むほど力が抜けた。


夜、久々にジェニファーが私の部屋にやってきて、小言を述べた。

「せっかくビジョンができたんやから、それをもとにマネジメントせなあかん」

「どういうこと？」

「そやから、ビジョンに基づく行動がでけたら、認める言葉を掛けなあかんのや」

幸穂の成長に、私は何も声を掛けていなかった。

「瀧本はんが言うたからええけど……」

褒めるタイミングを逸したことが悔しかった。

「まぁ、そんな機会はこれからなんぼでもある。ええか。行動できたらちゃんと認めて、ビジョンと関連づけるんや」

「そうか。そうやって浸透させるのね」

「叱るときもやで！」

ブランドプロジェクトには支配人も参加してほしい、と言ってもらえるようになった。それは私の楽しみでもあった。改築工事が始まって、参加者二十人を超えるミーティングの場は、ラウンジからレストランに変わった。

「まず、支配人から何かありますか？」

この日も、毎度の決まり文句で小澤が振った。私にはぜひとも伝えたいことがあった。

「先日、バーに見えたお客さまから伺った話です」

私は、話す前から胸が熱くなった。

「そのご夫妻は、七時半からの回でお食事されました。お席についてすぐ、びっくりされたそうです」

全員が、支配人は何を言うのだろう、という顔で凝視している。

「奥さまの四十一歳のお誕生日でした。イセエビのコースにヒレステーキを注文され、フルコースで召し上がりました。レジカードを書かれたのは、旦那さまでした。そうですね、森山さん」

「えっ。ああ、あのお客さまですか」

「はい。あなたがフロントで応対した篠田さまです。あなたのサービスに驚いていました」

幸穂は、覚えがある様子だった。

「ご自身から話してもらっていいですか？」

「いえ。私は何も……」

本人が語ろうとはしないので、私が続けた。

「旦那さまは、左利きです。だから洋食のときに、いつもカトラリーの左右を入れ替えなければならないそうです。でも昨夜は最初から右にフォークがセットされていました。レジカードを書く姿を見て森山さんが気づいたんですね」

参加者からどよめきが生まれた。

「よく気づきましたね」

私が褒めても、幸穂は何も言わない。それはよくある照れの反応だった。

「そして、カトラリーを並べ替えてくれたのは、戸川さんですね」

宿泊担当のあずさは、前夜トレーニングでレストランに入っていた。

「私は、森山さんから連絡を受けた通りにやっただけですから」

あずさもまた謙遜した。

縁の下でひっそりと力を発揮する宿屋の従業員。私の愛すべき人たち！

「いい連携です。ありがとう」

印象に残る接客という理想に向かって、フロントからレストランに大切な情報が伝えられた。

これは、ブランドプロジェクトの成果に違いなかった。マルチタスクオペレーションになれば、さらに互いの理解が進み、誤解もなくなるだろう。

小澤が手を挙げた。

「私からつけ加えたいんですが。篠田さまは、奥さまが生まれた年のワイン、シャトー・カマンサック一九七五年物を注文なさいました！」

「それ、ナンエン？」

「三万六千円でございます」

ソムチャが質問し、小澤が大仰に返答した。

「おー。高いでーす！」

ソムチャの素っ頓狂な声に皆が笑った。

「支配人、このヴィンテージワインの仕入れ価格は、一万円そこそこですから、利益が二万円以上乗ったことになります」

「満足していらっしゃいましたか？」

「とても……」

私の質問に、小澤は確信をもって答え、気取って続けた。

「森山さま、戸川さまの素晴らしい接客のおかげでございます！」

私は胸に思いが溢れ、まとまらないまま口を開いた。

「私たちの仕事は、お客さまの心を満たすことなんじゃないでしょうか。お金を使っても後悔させない。食事も温泉も部屋も人も、これなら納得と思わせること。そこに私たちのすべてを投入すべきではないかと思うんです」

皆が興奮していた。

「これ、お客さまが、もうひとつの物語をつくっちゃったゆうことよね。スゴイね」

一番年若のソムチャが、私の言おうとしたセリフを言って、それが皆の腹落ちにつながった。

幸穂が恐る恐る手を挙げた。

「あのぅ、私、フロントをやるって、すごく嫌だったんです。絶対無理って思ってた」

年配の仲居が小さくうなずいて同調した。

「でも、気持ちよかった！　なんか、仕事の景色が変わって、新鮮だったの」

全員が驚いた顔になった。

「これ見て！」

と、明美が、スマホを皆に向けた。前日幸穂がフロントに立っている画像だった。それを見た仲居たちの表情が羨望と喜びに変わった。

ビジョンに基づいて従業員が生み出したサービスを認め、仕事の喜びを伝播することが私の役割なのだ。そのための会話を惜しんではいけないのだと、改めて思った。

ブランドプロジェクトは、鳥楓亭の中枢会議になっていった。

カフェの名は、カフェ・カエデに決まった。オープンひと月前に、亜嵐が施工現場にふらっと現れた。工事の作業を見守りながら、通りで立ち話をした。

「甲斐さん、これ、どう？」

亜嵐がバッグから取り出したB5サイズの紙には、KAEDEという手書きふうのロゴが描かれていた。親しみやすく、幅広い層の客に受け入れられそうだった。

「すてき……」

「うちのデザイナーの自信作よ」

亜嵐は、厚口のケント紙を私に手渡した。

「先生、予算が……」

「これは、私からのプレゼントよ。甲斐さんに」

亜嵐は、満足げに笑っていた。

以前亜嵐が言っていたように、ロゴは、利用者が瞬間的にイメージできる識別マークなのだ。これから地域で、ＫＡＥＤＥがカフェブランドとして浸透する姿が、私にはありありと見えた。

マグカップや紙コップ、電飾の看板を発注する期限に、亜嵐は間に合わせてくれたのだ。心遣いが胸に滲《し》みた。


オープン数日前に、植え込みが半分刈り取られ、プランターが並んで景色が一変した。駅からの坂を上って、鳥楓亭前の通りに差し掛かると、角から花と灌木に囲まれたカフェの入り口が見える。地面に基礎をつくって建てられたポールに、しゃれた看板が掛けられ、通行人は何があるのかと興味をそそられ、近づいてみたくなる。

正面まで行くと、テラコッタの踏石の先にゆったりとしたウッドデッキがあり、テラス席になっている。臙脂《えんじ》色のパラソルは、リゾート地のたたずまいによく合った。

私は何度も、坂道の角を曲がって通りを眺め、カフェまでを歩いて堪能した。

午後、出勤する戸川あずさの青い車が隣地の駐車場に入ったところに出くわした。その小さな車の助手席から降りてきたのは瀧本だった。裏切られたような気持ちになって、目を背けた。

カフェオープン直前に組織改編を行なった。瀧本を副支配人に、設楽をサービススタッフマネジャーとした。サービススタッフとは、仲居、バーテンダー、カフェ、フロント担当全員を統一した呼び名だ。設楽の配下として、小澤をバーのマネジャー、明美をカフェのマネジャーにした。レストランは設楽が直接マネジメントする。

全員がマルチタスクオペレーションのシフトに組み込まれる体制も整った。もっとも心配だった幸穂の頑張りが幸いして、年配の仲居も宿泊業務を嫌とは言わなくなったのだ。設楽は、仲居たちに指示・命令ができるようになり、仲居たちも設楽に一目置くようになっていた。

明美は抜擢され緊張していた。私は、もてなしの心とリーダーシップのある明美がカフェを取り仕切ることで、居心地のいい場所をつくることを期待していた。

厨房のマネジャーは松田のままで、部下は七人の料理人。結局ただの一人も退職者を出さなかった。

カフェ竣工の日の朝、施工会社からリース会社への引き渡しの手続きと、ＲＳＪとリース会社の契約が行なわれた。

亜嵐、鳴海、伊勢谷、青島、唯香が訪れ、午前十時にはサービススタッフも揃いのユニフォームで店の前に並んだ。まだ冬の名残のある冷たい風に、ポールに括りつけられた真紅のリボンが靡《なび》いていた。青島がファンファーレの音源を流してくれて、テープカットのセレモニーが執り行なわれた。

そのすぐあとに、並んで待っていたお客を、スタッフが席にいざなった。

カフェの仕上がりは申し分なかった。

屋内は、小さなサイドテーブルがついている低いソファーのゾーンと、カウンターテーブルにスツールを合わせた高いゾーンに分かれている。テーブル中央には目隠しガラスがあって、相席ができる。空き椅子によるロスを少なくする工夫だった。

亜嵐が、帰り際、甲斐さん頑張ったわね、と言って抱きしめてくれた。

従業員は総出でサービスに当たっていた。

私は気になって、何度も外に出て様子を窺った。小澤と頻繁に出くわすので、二人で見合って笑った。

「いいですね」

小澤が満席のテラスを見て言った。万感の思いがある。

昼過ぎに様子を見に行ったときには、瀧本と出くわした。

「諦めなくてよかったです」

と、瀧本がしみじみと言った。

「いろいろありがとう」

私も心を込めて言った。

「瀧本さんの通行量の調査がなければ、本部はウンとは言わなかった。お礼が今になってごめんなさい」

私は正直な気持ちで頭を下げた。

「たいしたことではないです」

いつも通りのへそ曲がりな反応だった。

続いて上野も外に出てきて、瀧本の横に立った。二匹の猫がテラスの陽だまりで伸びているのを三人で見ていた。

「私ね、地域活性に何ができるかを考えているの」

生まれたばかりのカフェを繁盛させるには、地域に元気になってもらわなければならない。

「支配人、地域活性って何すか?」

上野が訊いた。

「このカフェは、地域に育てられることになります」

「そうか。地域に育てられるんだ」

「だから鳥楓亭はこの街と一緒に潤うことを目指したいのです」

「地域活性か。いいっスねぇ……」

地元出身の上野は、その言葉を嬉しそうに反芻《はんすう》した。

通り掛かりの人がカフェに気づいて、吸い込まれるように入っていき、テイクアウトする姿が見られた。認知されれば客が倍増すると、私は自信を深めた。


オープンからの一週間、春とは名ばかりの肌寒いなか、テラス席を好むお客は意外に多かった。花と灌木に囲まれているエクステリアが、憩う人を癒すのだろう。七日間の客の入りは、一日平均十回転。このままいくと、当初予想の五十％増し、月商三百十五万円が見込まれた。上々の滑り出しだった。

これからはすべての歯車が嚙み合って、ＲＳＪの方程式通りに上向くはずだった。

鳥楓亭の裏口から渓流の水際までは、近そうでいて、たやすく辿りつけないということを初めて知った。降りてみたくなったのは、窓から見える水の流れが変わったからだ。数日前まで見えていた岩が、水面から隠れた。流れが速くなって水がキラキラしている。林のぬかるみを慎重に進んだ。流水に手を浸すと、その冷たさにびっくりした。

「冷たいでしょ」

長靴を履いている小澤が後ろから来た。

「ええ。しびれそうよ」

「雪解け水ですよ」

小澤は、空のペットボトルに水を入れた。

「これでスコッチの水割りをつくるんです」

「美味しいの？」

「分かりません。でも、渓流の水だと言うと、お客さまは美味しいと言います。サービスの口コミが0・5上がるかもしれません」

小澤は、ペットボトルを日にかざした。

口コミは、総合平均で4点台の前半を維持していた。従業員の熱意が口コミ評価に反映している。

ところが安心したのもつかの間、思わぬところで足をすくわれた。

事務所に戻ると、突然料理の口コミ評価が3・5に下がっていて、血が引いた。原因はまったく思い当たらない。松田が血相を変えて事務所に入ってきた。

「支配人、ちょっといいかい？」

松田は、仕事には真面目な男だ。仕入れで経費削減に協力してくれる一方、新しい取り組みも受け入れてくれている。

「調理場が騒がしいんだ」

「騒がしい？」

「料理の口コミが下がったのは、そのせいじゃないかと思っているんだよ」

「どういうことですか？」

「おかしな話が入ってきて、落ち着いて仕事ができないんだよ」

私には皆目分からなかった。

「マルチなんとかっていうのになって、真空調理機で半製品も保存できるようになったよね」

それは、松田の言う通りだった。

「だから料理人を全員辞めさせるって、もっぱらの噂だ。若いのは仕事が手につかない」

「えっ⁉」

「本当のとこ、教えてくれませんか。今まで、あいつらには真面目にやっていれば、鳥楓亭はクビにならないと言ってきた。俺は、嘘を言って引きとめてきたんですか？」

松田が必死で訴えた。

「まさか。クビにできるわけないじゃないですか。そんな話、誰がしたんですか？」

情報源について質したが、松田は知らないようだった。

事務所の応接椅子で休憩していた、夜勤明けの麗子が横から口を挟んだ。

「ああ。カフェがオープンした日、本部の若い女の人がそんな話をしてましたよ」

本部の若い女と言えば、唯香しかいない。麗子は続けた。

「ホテルジョアの話。料理人をクビにして、蛍雪園の調理品を使って、サービススタッフが全部やってる。で、コストダウンが成功してるって言ってました」

ホテルジョアを蛍雪園がサポートできるのは、どちらも手ごろな価格帯の宿だからなのだ。

「鳥楓亭がマルチタスクにしたのは、料理人をクビにする地固めだとその人が言ってました」

料理人が困惑した原因は摑めた。カフェオープン日に青島に連れられてきた唯香が、料理人を解雇するとうそぶいたのを、誰かが聞いてしまったのだ。そういう話は瞬く間に広がる。

私は厨房に走った。松田もあとを追いかけてきた。

「申し訳ありません。本部のものが勘違いしておかしなことを言いました。鳥楓亭で、料理部門をなくすなんてあり得ません。安心してください」

私は、腰を折って衷心から謝罪した。

松田の後ろから麗子も追ってきた。

「サービススタッフも、解雇されるんですか？」

「まさか！　皆さんがいなくなって一番困るのは私です。厨房もサービススタッフも、解雇することはありません！」

だが、その場の全員が、私の言葉を信じていなかった。たとえ支配人が何と言おうと、本部の意向が絶対だろうという目が私に注がれていた。どちらの権限が上か、従業員はこれまでずっと睨み合わせてきたのだ。

ここまで築いてきた何もかもが音をたてて崩れていく気がした。

唯香に抗議しなければ、私自身が収まらなかった。

敢えてサービススタッフがいる事務所から、本部に電話を入れた。

「永田さん、甲斐です」

「はい」

「鳥楓亭で、料理部門をリストラすることが本部の方針だと伝わっています」

「そうですよ」

唯香は、平然と言った。

「考えもなしにおかしなことを言わないでください」

「いいえ。ＲＳＪの方針です」

数字だけではじき出した解決策に、唯香が自信をもっていることは想像がついた。

「社長もそう思っています」

「いい加減なこと言わないで！」

私は、激昂して、椅子から立ち上がった。

「冷静になってください。甲斐さんだって、本部を経験しているんですから、分かるでしょう」

「現場も知らずに、へんなことを吹聴しないでください！　永田さんにその権限はないはずです」

「現場、現場って偉そうに言わないでください。現場のしがらみを断ち切るために、甲斐さんは赴任されたんじゃないですか」

唯香の言葉は、いちいち癇《かん》に障った。その物言いは過去の私そのもので、今更後悔しても仕方がないが、聞くたびに自責の念が湧き上がる。

冷静さを取り戻さなければ負ける。唯香は、思いつきを言っただけなのだ。

「永田さん、目先の数十万の削減に目がくらむと、長期的に見た数千万の収益を手にできなくなるんじゃないですか」

と、一呼吸して切り返した。

「今の甲斐さんのやり方ではいくら待っても、数千万を手中にできるように思えません」

私以上に感情を抑制した唯香の声が聞こえた。

その翌日、辞表が出された。出したのは料理人の入江だ。松田から入江の辞表を手渡されたとき、何が起こったのか理解できなかった。松田も事務所のソファーに無言で沈み込んでいた。

入江は、料理長の松田に仕事を任されて、やりがいを感じると言っていた。厳しく仕込まれながら、自分自身の成長に張り合いをもって仕事をしていたはずなのだ。

「入江さんが、なぜ……」

私は気力が萎んでしまい、あとの言葉を続けられなかった。

ジェニファーがエントランスで私を迎えた。私は急に意識が遠のくような気がして、ロビーの椅子にどっかと座った。

「永理子さん、今日大変やったな」

エネルギーが枯れて、返事をするのも億劫だ。

「どないすんのや」

「たぶん引きとめるのは難しいわ」

「そうかあ。そやけどな、リーダーはどないなときも嘘言ったらあかん。ホンマの心を伝えるんや」

その話題は、不毛に思えた。

分かっていたことだが、宿屋にはいろいろ起こる。手探りで行なってきたマネジメントにやっと光明が見えたところで、信頼は簡単にくつがえされ、一つになった皆の心が離れかかっていることが、ただ悲しい。辞めることを決断した入江。唯香の話を信じている従業員。もう何もかも手放してしまいたいくらい、情けなかった。

甲斐さん、甲斐さん、という声が聞こえたとき、自分がベッドにいることを知った。目を開けようと思うが、まぶたはどろりと重く、力を失っていた。

「佐々木ですよ」

珠珠庵の晶子に呼ばれる理由が、分からない。

晶子と、年配の男が私を覗き込んでいる。

「甲斐さん、ロビーにうずくまっていらしたんですよ」

高熱が出て、眠り続けたと聞かされた。

入江の辞表のことがすぐに浮かんだ。オープンしたばかりのカフェのこと、料理人に広がった誤解、鳥楓亭の収支の心配、次々と頭に浮かんだ。

「私、行かなくちゃ……」

「ダメですよ。鳥楓亭には連絡してあります」

年配の男が私の脈を取った。医者のようだった。

「このまま脱水状態が続いたら、危険だったんですよ。もう一日は寝ていてください」

医者にそう言われても、心が逸った。入江を引きとめられないとしても、誤解だけは解いておきたい。

「甲斐さん、無理しすぎです」

体は怠《だる》く、自力で起き上がれそうもなかった。それから丸一日、ジェニファーは何も言わないが、ずっと寝ている私の視界のなかにいてくれた。

翌日やっと出社すると、マネジャーたちが事務所に集まった。

「加減、どうですか？」

瀧本が、いつも通りのポーカーフェイスで訊いた。

「すみません、突然休んで。入江さんのこと、どうですか？」

松田に振った。

「実は、迷っていると思うね……」

「話をしたいんです」

松田とアネックスの厨房に行くと、入江とソムチャは道具の手入れをしていた。

「支配人、ダイジョーブ？」

ソムチャが駆け寄ってきた。

「ええ。意外にか弱いことが分かったわ」

「冗談言えるなら、ダイジョーブね」

ソムチャに釣られて皆が笑った。

「入江さん、話をしたいんですが……」

「俺は遠慮するよ」

「あっ、いいんです。いてください」

外そうとする松田を入江が止めた。

三人で調理台を囲むと、ソムチャが椅子を運んで立ち去った。

「入江さん、辞めたいって本当？」

私から切り出すと、入江はうなだれた首をさらにこくりと折った。

「僕、永田さんていう人に、もうすぐ料理人は必要なくなるって言われたとき、裏切られたと思いました」

「聞いたわ。ごめんなさい」

「僕、前のホテルで簡単に切られました。試用期間だったんで」

その入江を助けたのが松田だと知らされた。

「また簡単に切られるんだと思いました」

「まさか……」

「それからは、もう料理に心がこもらなくなって。ここにいたらダメになりそうで……」

あんなにやる気がみなぎっていたのに、その糸が切れてしまった入江がかわいそうで、申し訳なくて、私は言葉が出てこなかった。

松田も悔しそうだ。

私は、入江を刺激できそうな話題を必死で探った。

「松田さん、こんなときにすみません。次の購買、カニ・エビ・貝でどうかと石橋さんからさっき打診がありました」

「はい。いいですねぇ」

「カナダ産の大ぶりのオマールが安く入ります。アイデアはありますか？」

「入江、どうだ？」

松田は入江を巻き込んだ。

「……蒸しで、ソースを数種類ってのはどうでしょう」

「ソース？　たとえば？」

「そうだなあ。溶かしガーリックバター、ラビゴットソース、あと味噌と赤ワインのソースはどうでしょうか」

「味噌とワイン……」

「以前やってみたんですが、絶妙な味わいになります！」

入江は松田に熱心に訴えた。

「じゃあ、ソースやってみろ」

入江の顔が輝いた。松田が私ににたりと笑った。

「入江さん、頼りにしているのよ。辞められては困るの」

私は嘘言ったらあかん、というジェニファーの言いつけを守って正直に言った。

「俺もだよ」

松田も心を込めて言った。

「あの本部の女性は、ここに赴任したときの私と同じ。人をコストとしか見ていない。許してください」

頭を下げると、そうだったなぁと言う松田につられて、入江も笑った。そして、

「僕、辞めません」

と、辞意を撤回した。


本調子に戻れず、定時に帰るつもりで支度した。瀧本が、車で送りますよと言った。他人に無関心なのか気が利くのか、冷淡なのか温かいのか分からないところが瀧本らしい。

私の側のドアを閉めてくれて、運転席でエンジンを掛けた。

「買い物があれば、途中で寄りますが……」

「ありません。ありがとう」

寮の前で車を降りると、ちょうど帰ってきた石橋に会った。

「あっ。甲斐さん、大丈夫ですか？」

「うん。ご心配おかけしました」

「瀧本さん、僕の部屋に来てくださいよ。ちょっと三人で話しましょうよ」

石橋は強引に私たちを誘った。

石橋の部屋は私の部屋と同じつくりだった。低いソファーに座った三人に、ジェニファーが寄ってきた。

身をよじって瀧本にスリスリしているジェニファーに、石橋が声を掛けた。

「オカミ、瀧本さんは初めてだろう？　どうしたんだ？」

（あたしは、瀧本はんがタイプなんや！）

石橋には、ジェニファーの声は聞こえない。瀧本は、ジェニファーを撫でながら話し始めた。

「支配人、お休みの間に、一ついい話がありました」

「はい」

「長い間、毎年結婚記念日に来訪されていた辻《つじ》さまというお客さまがいます。でも、この二年はいらっしゃいませんでした」

「で、いらしたんですか？」

石橋が、話の先を問うた。

「はい。レストランのテーブルに旦那さまの写真を置いたので、小澤さんが声をお掛けしました。旦那さまはおととし亡くなったというのです。奥さまは、やっと心が落ち着いたのでいらしたと……」

老舗旅館ならではのエピソードだった。家族の思い出の場面に鳥楓亭がある。

「小澤さんから話を聞いた松田料理長は、旦那さまの写真の前にもお食事を用意されました。旦那さまが大好きだったブルゴーニュ・ピノ・ノワールをグラスで注文されたので、小澤さんが気を利かせて、二つのグラスに注ぎました」

かつて料理と料飲には垣根があった。それは、お客の『もうひとつの物語をつくるお手伝い』というビジョンのもとでは、不要のものになっていた。

「奥さまには、そのあと誰も話しかけませんでした」

私は、とたんに涙腺が緩んだ。

「写真の旦那さまと静かに会話されて、食事を終えられました」

私は、うんうん、とただうなずいた。

「いい話です。われわれの仕事は、喜びに溢れています！」

石橋は、熱を帯びた様子で言った。私はなぜか、体調がすこぶるよくなった。

「小澤さんと松田さんは、なぜ私に言ってくれなかったのかしら」

ふと瀧本に訊いた。

「経費が掛かったことですからね。叱られると思ったんでしょう」

以前、ジェニファーに指摘され、メモしたことを思い出した。〈支出を現場に判断させることができるか〉と手帳に走り書きがある。その答がやっと出た。『もうひとつの物語をつくるお手伝い』のためには金を掛ければいいのだ。その基準さえ決めれば、鳥楓亭の従業員は自分で判断できるはずだ。

瀧本が、何か用があったんですか、と石橋に訊ねた。

「瀧本さん、鳥楓亭にRSJが入って、どう感じているのかなぁと思って」

石橋は、瀧本の本音を聞きたいようだった。瀧本はわずかな沈黙のあと、

「甲斐さんについていこうと思っていますよ」

と、私をちらと見て言った。

私は、急に動悸がした。

「鳥楓亭は、もっとよくなる。財務が改善する兆しも見えてきました」

瀧本の声は真剣だった。

「私には旅館の理想があったんです。それを甲斐さんとならつくっていけると思っています」

聞いていた石橋は、ふぅっと息を吐いた。そして、われわれの仕事は喜びに溢れています、と再び噛みしめるように呟いた。

次のブランドプロジェクト会議には、皆の疑心暗鬼が消えていた。入江が残ったことが大きかった。

「今日はお願いしたい議題があるんです。われわれがどういう行動をとるべきか迷わないようにしたいんです」

私が会議の口火を切った。

「たとえば、もうひとつの物語のお手伝いをしたい、しかし経費削減に逆行するということが日々ありますよね。それを皆さんがその場で判断するための基準のようなものが欲しいんです」

「基準?」

反射的に復唱したのは設楽だ。

小澤と松田が、辻夫人のためにもう一人前用意したことは、ベストな判断だった。しかし、報告できなかったのは、私が現場に権限を与えていなかったせいなのだ。設楽が続けた。

「確かにそうですね。お客さまのご要望に応えたいけど、サービスにどこまで出費が許されて、私たちがどこまで判断していいのか……」

「ご要望を際限なく叶えられるわけじゃないですから重要ですね」

「いろいろな場面を想定して考えたいですね。もうひとつの物語のために、どこまでは無料でできて、追加の料金はどうご案内するか」

皆、口々に意見を述べた。

「部門のマネジャーに相談することをできるだけ少なくして、皆さんだけで判断できるようにしたいのです。接客はナマモノですから」

ジェニファーの言葉を借りた。「サービスはナマモノ」を、私は気に入っていた。

「たとえば、特別な日の花やドルチェのサービスとか、金額と同時に何を任せてもらえるか、その基準も欲しいですね」

設楽が、サービススタッフに起こりそうな場面を想定した。上野も声を出した。

「衛生や安全は、お客さま満足を上回ると思うんですよ。だから、たとえお客さまが不満に思っても、優先順位は安全が上だという基準も欲しいです」

「もちろんだよ、上野さん。たとえば料理人が腸炎になったら、俺は休ませるよね。厨房が忙しくなってお客さまに不満を感じさせても、それは守らなきゃならない」

松田が言って、皆が納得した。回を重ねるごとに話し合いが実のあるものに変化していくことが、私には喜びだった。

「現場主義っていうの？　これ、いいんだろうか、本当に。支配人、いいんですか？」

小澤が、私の意向を確認した。皆、自分に判断を委ねられることに喜びと戸惑いをもっているのだ。

「お客さまに接しながら、自分が考え判断することに慣れていってほしいのです。私たちには、『もうひとつの物語をつくるお手伝い』という指標があります。それをもとにして、考えられないでしょうか。やってみて失敗したら、部門ごとの話し合いを行なって、経験として蓄積すればいいと思うんです」

従業員の表情が、心なしか引き締まったように見えた。

「おい、みんな、経費削減もしっかりやれという意味だぞ！」

松田が私の揚げ足を取り、全員が笑った。

その夜、ジェニファーは私の部屋にやってきて、毛布にじゃれついた。

「何やっているの？」

「毛布の下に獲物がいそうで、血が騒ぐねん」

「何もないじゃない」

一暴れしたあと、ジェニファーはベッドに座った。

「永理子さん、従業員を信じることができるようになりはったなぁ」

「信じる……」

「そや。お客に接する人に権限委譲できたんや」

「権限委譲？」

「それが信じるゆうことや。任せれば、失敗するかもしれへんが成長もする。そして、自立する」

「うん」

「自立すれば、どうやったらお客を喜ばせられるか、考える習慣ができるねん」

「そうね」

「それはみんなの財産や。すごいやんか」

「ジェニファーのおかげよ」

私は、敬意を込めてジェニファーの首のあたりを撫でた。

「そんなことない。永理子さんは一人で考え抜いたんや。たいしたもんや」

ジェニファーは、お休みぃと寝言のように言って目を閉じてしまった。


カフェオープン以来、口コミは総合4点以上で推移したが、客室稼働率はいつまでも上がらなかった。天候不順のせいだと分かっていた。焦っても仕方がないのだが、週末近くにキャンセルがあるたびに気が気ではない。

「支配人、レストランにお客さまです」

明美に告げられたのは、レストランオープン前の午後二時だった。

「来てほしいそうです」

オープン前のレストランには、亜嵐といつもの恋人がいた。

「杉尾先生……」

「カフェ、混んでたけど、どう？」

「はい。宿泊以外のお客さまが増えました。先生のデザインのおかげです」

感謝が溢れて、思わず亜嵐の手を握った。

「数字は、百五十％です」

「すごいわ！」

レストランに改装する前、宴会場のステージだったところが今は物入れになっていて、嵌殺《はめごろ》しの襖で仕切られていた。その前に連れの男が立っていた。

「甲斐さん、この襖、私に頂戴」

男のそばに近づいて、亜嵐が訊いた。

「この襖ですか？」

亜嵐には、返しきれないほどの恩がある。襖を欲しいと言われれば吝《やぶさ》かではなかった。

連れの男は、私の返事を待たずに襖を外すと、床に置いて睨んだ。

「あのぅ……」

男は、鞄から襷《たすき》を取り出し、袂《たもと》をたくし上げると、筆と絵具を準備した。声を掛けられないほどの殺気をもっていた。あっけに取られていると、襖にさらさらと筆を走らせて淡彩の風景を描き、その上に大きな文字を認《したた》めた。

赤い濃淡の楓の葉を背景に、真っ黒な墨で鳥を象《かたど》った文字が描かれている。それは文字でありながら、今にも飛び立ちそうな躍動感のある「鳥」で、私はその絵の力強さに、震えを覚えた。最後に左下の隅に雅号が記され、朱の落款《らっかん》が押された。

「すごい……」

何が起こったのか分からなかった。たまたま通り掛かった松田と入江、その場にいた明美も息を殺して見入っていた。

一気に描きあげた男は、襖を敷居に戻し、襷をほどいた。そして明美に、ビールを頂戴、と言って椅子にどっかと腰を下ろした。

「彼、日本画家よ。塚田《つかだ》涛游《とうゆう》」

芸術に博聞ではない私だが、聞き覚えのある名だった。隣の椅子に座って、亜嵐が塚田の腕を擦った。

「これ、ここに飾ってくれる?」

私は呆然としていて、返答できなかった。

「悪いことは言わないわ。きっと守り神になってくれる」

明美がもってきたビールで亜嵐と塚田は乾杯し、西洋人カップルのように短く抱き合った。


本部の唯香が、経費削減について頻繁に電話を寄越す。

私は、とにかく猶予が欲しかった。鳥楓亭はいいほうに向かっている。従業員の心はお客に向かい、サービスも向上している。彼らに、さらなる締めつけをしたくないのだ。

「甲斐さん、宿泊に入れない旧料飲部門の仲居の給料を下げてください。マルチタスクができないのですから」

今、入《はい》れないのではなく、敢えて入《い》れていないのだ。唯香は、営業時間の長いカフェを、旧料飲部門のサービススタッフが支えていることに思い及ばない。

「逆です。マルチタスクに対応できるサービススタッフは、昇給してもいいと思っています」

「何を馬鹿なことを……」

「コストは、人件費以外のところで削減します。それに天候が落ち着けば、稼働率も上がるはずです」

何とか踏ん張って唯香の指示を撥ねつけたい。

「甲斐さん、削減できる経費は、選ばずにやってください。人件費もその他の経費もです」

「それは現場で判断します」

「いいですか。人を減らせば、固定費が確実に下がるんです。やる気のない人は切ってください！」

「うちにはやる気のない従業員なんていません！」

私の声に、事務所にいた全員がこちらを向いた。

今回は唯香が諦めて電話を切った。

「支配人、大丈夫ですか？　大変ですね」

あずさは、相手の心を掬《すく》い取るような優しい言葉掛けを行なう。

「うん。これ以上人が少なくなったら現場が回らないってこと、本部は分からないのよ」

私はつい本音をこぼした。

「本部は、経費のなかの人件費割合を見て言うんですか？」

「あら。よく知っているわね」

「みんな、最近よく話しています」

「なんて？」

「本部は、必要人員の数では見てないだろうって」

その通りだった。唯香と私の攻防は、従業員に筒抜けなのかもしれない。

「どうなったら一番いいんですか？」

そばから素人っぽい質問もした。

「ひとまず客室稼働率が上がること」

「稼働率を上げれば経費をうるさく言われなくなるんですか？」

それはまた別の話なのだ。

私が着任して削減した経費は、それまで鳴海が持ち出ししていた利息分と、まだとんとんだ。平均稼働率が目標の六十五％に上がっても、滞っていた元金完済まで数年単位の時間が必要だ。私は、無意識のうちに重い溜息をついていた。

「みんな、支配人のこと応援していますから」

あずさはそれを一番言いたかったようだ。


それから予期せぬことが怒濤のように押し寄せた。

「支配人、読んでください。マジ感動します！」

毎日口コミをチェックしている上野が、サイトのページを拡大印刷してバックヤードの廊下に貼った。亡くなった夫をしのんで宿泊した辻夫人が、じゃぱんの口コミに話の詳細を綴ったのだ。従業員の優しさが美談として掲載され、読んだ何人かは感動して泣いていた。

それから、サービススタッフは『もうひとつの物語をつくるお手伝い』に特別な価値を抱き始めた。フロントでの会話、廊下での親しみやすい声掛け、レストランでの和やかな表情など、誰に言われなくとも全員が「もてなし」の質を上げようとした。

じゃぱんの鳥楓亭の口コミ欄には、お客の宿泊体験談が連載のようにアップされるようになった。私は、エピソードに登場した従業員に詳しい話を聞いてまわった。いい話を全従業員と徹底して共有することを自分の役割としたのだ。

『『もうひとつの物語をつくるお手伝い』を忘れないでください。そして、自分で考えてください。何ができるか。皆さんにはそれを生み出す力があるんです。これだけ評価の高いレビューがあると、お越しになるお客さまの期待も高くなるということです。油断しないように」

と、昼礼、夕礼のたびに口やかましく言い、老婆心だと笑われた。

「これ、馴染んできたらいいコピーだね」という従業員の声をよく聞くようになり、こなしの仕事やぞんざいな接客をするものは一人もいなくなった。

気がついたら、期限の半年は目前だった。

そんななか、塚田涛游の襖の絵について、宿泊客の誰かがSNSに写真をアップした。電話での問い合わせが何件か続いて、私は初めてそれに気づいた。日々増えていく問い合わせから、その話が怖いほど拡散しているのが分かった。

作品の少ない塚田の絵が襖に描かれたというので、マスコミが取材に訪れた。花鳥画と書に定評があり、一号が数十万円で取引されているのだと記者が教えてくれた。襖は、およそ二百号。掛け算した金額がそのまま価額にはならないだろうが、高価であることは確かだ。私は戸惑って、亜嵐に電話をした。

「あら、甲斐さん」

「涛游先生の絵が大変なことになっています」

「でしょ。新聞社が彼のところにも取材に来たらしいの」

亜嵐はあの日、この騒ぎを予言していた。きっと守り神になってくれると。

「でね、女将の顔を見ていたら急にイメージが湧いた、と言ったらしいわ。これからは永理子さん目当ての人が来るわね」

その華やかな声を聞いて、私は再び元気づけられた。


何が一番功を奏したか摑めなかったが、本館、アネックス合わせて、平均稼働率が一気に八十％以上になった。週末の予約は、私が赴任して初めて『キャンセル待ち』となり、数か月先のお盆休み時期の予約表が満室表示になった。

口コミ総合評価もうなぎ上りとなり、満点の5に近づいた。

その日、上野が予約状況から月末の収入見込をはじき出すのを、事務所で数人のサービススタッフとともに固唾を飲んで待った。

「支配人、今月はいけます！」

「いけるって……」

「元利とも返済できます！」

「本当⁉」

待ちに待った数字だった。

私は一気に体から力が抜けた。鳴海にうるさく言われ続けた半年という期限にかろうじて間に合ったのだ。来月も、その翌月も利益を出し続ければ、鳴海が「畳む」とうそぶくこともなくなる。皆で守った鳥楓亭は、存続するのだ！

油断するな、と自らを戒めてはいた。だが、従業員全員に活気がみなぎっているのを目の当たりにし、私も興奮を抑えきれなかった。


毎年六月の第一週には、鳥楓亭の前の清流に蛍が乱舞するという。普段はライティングしている林の照明を落として、幻想的な蛍の光と、川のせせらぎがつくる幽玄の世界をお客に楽しんでもらっている。

しかしその数か月前にも、水から上がって地中に入る蛍の幼虫の光が、一斉に川辺で蠢《うごめ》く時期がある。その光は飛びはしないが、地上で星がきらめいてるような何とも言えない美しさだ。

まだお客の来ていないバーの窓から、陸に向かう光の群れに見とれていた。

これまで私はゆるぎないブランドを構築して、口コミで地域一番になりたいという目標を抱いていた。しかしその目標は、半年経って少し変わっていた。

従業員とともに、この温泉街の評判づくりの牽引者となりたい。この街全体を勝者にしたいのだ。その取り組みのなかで、従業員には鳥楓亭で働く誇りが生まれ、鳥楓亭だからこそのもてなしが際立ってくるのではないか。だから私は「地域に一番影響力のある宿になる」という理想に変えた。彼らにはきっとそれができる。私は、その新たな目標を胸に刻んだ。


その日、山の中腹から真っ青な空に上がる白い蒸気は、普段と何も変わらなかった。

鳥楓亭のある温泉場は火山の中腹にあるせいで、体に感じられる地震は東京勤務のときより確かに多い。

だが、群発地震という言葉がニュースで報じられ、火山活動を警戒して登山道が封鎖されて、マスコミのヘリコプターが四六時中上空を旋回するようになったときには、この温泉場の平穏な日常とのギャップに違和感を覚えた。ニュースで語られるセンセーショナルな言葉が、まったく別の場所での出来事に思えたのだ。

しかし、お客の反応は素早かった。予約のキャンセルに追われ、二か月続いた黒字に、見る間に影が差した。大型連休にもろに影響を受け、閑古鳥が鳴いた。

ひと月後、気象庁から群発地震沈静化が発表されてからも、キャンセルされた空室は埋まらなかった。

「今までもこんなことがありましたか?」

事務所で誰にともなく訊いてみた。

「何年かに一度は……」

あずさが、諦めた表情で言った。

「温泉を使ってここで商売するって、そういうことなんですよ、支配人」

机に隠れて姿は見えないが、明美の声だけが聞こえた。館内の床にこびりついた汚れを金属のヘラでこすり取っていた明美は、事務所のなかにまで入って床を清掃していた。

「マスコミは、ここが規制エリアとどれだけ離れているか、はっきり言ってほしいわ」

私は、報道に八つ当たりした。

「沈静化のほうは、いつも扱いが小さいんすよねぇ」

上野も雑談に加わる。

「こんなときは、次を考える時間にしましょう」

瀧本が、珍しく分別臭いことを言った。

火山にとってはほんの咳払いのようなものでも、やっと回復しようという鳥楓亭には大打撃だった。顧客の心はすぐには戻ってこないだろう。

時間の経過だけが解決策なのだと分かっていても、客足が途絶えては、再生のしようもない。

開店しているほうが金が掛かる、と休業する店も出てきた。駅前の、それでなくても小ぢんまりした商店街が死んだようになっている。いくつかの旅館の倒産話が聞こえてきたときには他人ごとではなく、夜中にうなされて目が覚めるほど気が揉めた。

7章

マネジメントは『全部自分のせい』から始めるんや

群発地震が沈静化し、警戒レベルは安心できる数値を示したが、客足の戻らない温泉街についてニュースで報じられることはなかった。

ブランドプロジェクトを、いつからか皆が「全社戦略会議」と呼んでいた。

「こんな状況ですが、僕は今の鳥楓亭なら勝っていけると思っています」

そう切り出して会をスタートした小澤の言葉に、皆が少し強気になれた。小澤が続ける。

「この落ち込みをどう回復につなげるか、今日は一緒に考えたいと思っています」

その言葉が終わるのを待たずに、里奈が挙手して立った。

「あの……、生意気なんですが、一人一人もっとコスト削減に意識を向けられるのではないでしょうか。何ていうか、今私たちは、自分たちは接客の係、支配人はお金の係、という棲み分けをしているけど、違うと思うんです」

「僕もそう思ってます！」

上野が里奈の話を受けた。

「こう言っては何ですが、全員が……支配人になるんス！」

そこにいた全員が、二人の話を真剣に受け止め、皆が再生の「当事者」になろうとしていた。

私が彼らと初めて向き合ったのもこの場所だった。まだ宴会場だったここで、敵対のまなざしによって迎えられた。

それが鳥楓亭を存続させるために、力を結集している。濃密な挑戦のエネルギーが部屋を満たしていた。

しかし実は、考えられる経費削減にはすべて手をつけていた。バックヤードはこまめに灯りを切るのでいつも薄暗かったし、厨房に至ってはプランターでシソとバジルを栽培している。突然栞が、

「猫キャラクターグッズを売店で売るのはどうでしょう」

と言った。

「それが経費削減になるの？」

勇気を振り絞って発言した様子の栞に、小澤が穏やかな声で訊いた。

「今、土産物はほとんど食品で買取りなので、モノによっては賞味期限近くになって廃棄

しなくてはなりません。そのロスが月に数万円です。委託販売できるものを増やせば、リスクも減らせます」

「それが猫キャラクター？」

「はい。食品以外のものを探したんです。試算してみたんですが、売れれば年間数十万円のプラスになりそうです」

「すごいね。そんなこと考えてたの？」

小澤が感心すると、栞はスマホから猫キャラクターグッズの画像を探し出して、皆に見せた。

「あら。子供用じゃないのね。いいじゃない」

幸穂が画面を覗き込んで言った。

「この街の工房でつくっていて、ネットだけで売っています」

「竹田さんの削減策、支配人に負けないね」

と、皆が冷やかした。私が調査するように依頼すると、栞は少し戸惑った様子で承諾した。

この小さな話し合いが、鳥楓亭にもう一つの合言葉を生み出した。上野が言った「全員が支配人」。それは、一人一人が経費削減の当事者になるという従業員全員の誓いの言葉だった。

石橋に誘われ、阿久津を訪ねるために役場に向かった。入り口で石橋を待っていると、

「甲斐さんじゃないの」

聞き覚えのある声に、呼び止められた。

「あっ、鳴海さん」

「こんなところに、何の用?」

私は、地域に突然訪れたこの窮地に何ができるか、阿久津、石橋と話し合うために来たと答えた。

行政は手続きが煩雑だから、先導して巻き込んでいかなくてはならない、というのが石橋の見方だ。火山性群発地震のために利用者に染みついた地域の風評を、早く何とかしようというのだ。

鳥楓亭は、店舗型代理店からの訪日外国人客の減少が著しく、やっと叶った元利返済が、無念にも再び遠のいた。私も、ただ指をくわえて沈静化を待つのは性に合わなかった。

「うちはね、直販所と海辺食堂を秋にオープンさせる。観光課にPRしてもらおうと思っ

て、阿久津さんに会ったところ」

鳴海は着々と夢の実現に向かっていた。それらの計画も、きっとこの街の活性化に役に立つはずだ。だが観光課では、せいぜい駅の案内所にパンフレットを置くことくらいしか期待できないのではないか。

「鳴海さん、直販所のホームページを準備してください。新鮮な海産物が手に入るイメージを打ち出すんです！」

鳴海は、そういったことについては疎いようだった。

「インターネットを侮ってはダメです！」

私は、つい力が入った。

鳴海は驚いた様子で、分かった、必ず甲斐さんに相談すると言って、立ち去った。

間もなくやってきた石橋と、阿久津を訪ねた。阿久津は私たちを観光課の応接室に案内してくれた。

初めに直販所の話になり、阿久津は、地震で凹んだ地域活性の起爆剤になるのではないかと期待を示した。

「僕らも地域活性の話なんです」

石橋が話し始め、阿久津がうなずく。

「はい。こんなときだから、嬉しいです」

「お祭りをできないでしょうか」

「お祭り……」

「カーニバルのようなものです。見るだけではなく、参加するお祭りです。プランとしては……」

石橋が差し出した紙には、詳しいプランがびっしりと記載されていて、私は驚いた。イベントの提案をしたいとしか聞かされていなかったのだ。

「ふむ。変装、ダンスパフォーマンス、演奏、山車《だし》、屋台。パレードのルートまで……」

阿久津は真剣に読んでいた。

「資金は、地元企業からのカンパと模擬店から何パーセントかの営業歩合を徴収できるのではないかと思うんです。運営の頼みは、ボランティアです」

「それは、町の予算化を待てないということかな」

「はい。行政の承認を待っていたら、この窮状を何ともできません」

石橋は熱かった。

「おっしゃる通りだね」

「財源確保の計画は、こっちの資料を見てください」

石橋は、別の文書を阿久津に見せた。そこには支出の予測と、旅行者が落とす金額予測などが細かく記されていた。

「石橋さん、本気だね」

「はい。地域のカーニバルとして毎年開催させたいんです！」

阿久津は書棚から『世界の祭り』という写真集を取り出した。

「祭りと言っても、ご神体があるわけではないからね。海外のほうが参考になりますよ」

パラパラとページを繰ると、ヨーロッパの古い街がカラフルに彩られ、見物人が沿道に溢れている様子が紹介されていた。

石橋が食い入るように写真集を見ている間に、私が質問した。

「この街でイベントを行なうとき、何か気をつけることはありますか？」

阿久津は、自分はいくらでも協力したいと前置きして言った。

「この温泉場の旅館、五十あまりを巻き込まなければ成功しません。だが、カーニバルにメリットがあると理解してもらうには、時間が掛かると思います」

鳴海が人脈づくりのために法人会を利用していることを思い出した。

「甲斐さん、まずはわれわれＲＳＪがやりましょうよ。やって見せれば、動き始める」

石橋は、阿久津に話したことで、カーニバル実現の願いを強めたようだった。

「地震のイメージを塗り替えるには、今年着手しなくちゃダメなんです」

私は、それでこの温泉場がいきいきとなり、従業員の暮らし向きがよくなって、鳥楓亭のお客の満足につながるのなら、惜しみなく力を尽くしたいと思った。地域活性は、鳥楓亭の今と切り離せない課題なのだ。


定例の全社戦略会議が行なわれた。この日は、RSJ系列五軒を回って協力を仰いでいる石橋も特別参加していた。

「私が今日話したかったのは、地域活性なんですよ」

従業員はこの言葉をよく耳にしてはいるが、ピンと来ていないものもいるようだ。

「宿泊業に従事するわれわれは、地域貢献に向けられる時間なんてないと思い込んでます」

石橋は阿久津がのり移ったように語った。

「小さくてもいいから、今年の秋、イベントをやろうと思います。皆さんにぜひ手伝ってもらいたいんです」

「それは準備の時間が少ないですね」

小澤が口を挟んだ。

「今だからこそ発信したいんです。皆さん、この状況に手をこまねいていられますか」

石橋は、外連味《けれんみ》なく言った。ざわざわとあちこちから話し声が聞こえた。

「宿屋は今大変だよ。金がなくて……」

松田が言った。

「ですから、皆さんにはマンパワーとしての協力をお願いしたいんです」

石橋は、カーニバルを考えていることを伝え、変装やダンスパフォーマンス、張りぼての山車で手作り感を出したいと、イメージを語った。

「祭りのテーマが欲しいんです。皆さんの知恵を貸してください」

石橋は、話を進めた。

「猫祭りなんかどうかしら」

私はひらめいた思いつきを言った。

「ベルギーにあるんです。猫のお祭り。子供たちも、もちろん大人も、猫のメイクをして、変装をして、踊って練り歩くんです」

「この街では野良猫がかわいがられているから、合うかもしれないわ」

あずさが身を乗り出した。

「ダンスは、コンテストにしたらどうでしょう！」

「今、変身ブームがキテると思います。猫に変身、いいと思います」

「じゃあ、メイクの講習会をやったらどうかしら」

サービススタッフも思いつくまま話し始めた。

「地域の小・中学校、高校、幼稚園、バレエ教室などに協力を要請してはどうでしょう」

里奈は、いつも発言が力強い。

「とりあえず僕がドラフトを書いてみます。よろしくお願いします」

と、石橋が腰を九十度に折った。

地域のイベントは、この街が安全であると旅行者に発信できる絶好の機会になるはずだ。そしてそこから旅館の協力体制が生まれることを、私は強く願った。


そのときレストラン脇の廊下を、見知った貌《かお》が近づいてきて、上向いていた気分がとたんに萎えた。すぐに石橋も気づいて、

「永田さん！」

と驚きの声を上げると、皆に緊張が走った。本部の永田唯香だった。

「ＲＳＪ本部の永田です」

紹介されるのを待たずに、唯香は自ら名乗った。

皆、口をつぐみ、直前の熱を帯びた空気はどこかに行ってしまった。唯香は臆すること

なく前に立って話し始める。

「何の話をしていたんですか？」

「あっ、えっ。地域活性について話し合っていたところっす」

たまたま近くにいた上野が指されて、ぼそぼそと答えた。

「地域活性？　その前に、経費削減でしょう」

「それはやっています。重油の入札とか……」

さらに上野の声は小さくなった。

「大きいのが手つかずなんです。分かりますか？　人員削減です」

「それは、彼らの仕事ではありません」

私が慌てて割って入った。

「甲斐さんがやらないから、私がこうして来たんじゃないですか」

唯香は溜息交じりで、全員に聞こえるように言った。嫌な空気が流れた。

「それはＲＳＪさんの決定事項なんですか？」

小澤が、唯香に聞いた。

「これはＲＳＪの方針です」

ふくらんだ皆の心があっという間に萎んでいく音が、私には聞こえるようだった。

だが、

「永田さん、鳥楓亭は、人員削減はしません！」

里奈が声を出した。

「あなた、誰？」

「バーテンダーです」

「バーテンダーごときが口を出す話じゃないのよ！」

唯香は、里奈をいなした。

「例年満室になる蛍の時期、今年は散々でした。入金が下がれば、その分支出を抑える。小学生でも分かる話です」

正しいことを自信満々で述べてもここにいる従業員を動かせないということを、唯香は知らない。だが唯香は、それは支配人である私の失態だと思っている。従業員は、そんな唯香に対して依怙地《いこじ》になっている。交ざり合わない二つの群れの間で、私は動けなかった。

「永田さん、人件費割合が下がれば、文句ないんですよね」

入江の強い語気に、唯香は、とっさに返答できずにいた。

「つまりですね、今のメンバーのままでも、人件費の総額が下がればいいっつうことでしょう」

上野が、通訳するように言った。上野にしては大人っぽい話し方だった。

私は、自分だけ何かが見えていない感じを覚えた。従業員には、示し合わせているような言葉の機微がある。

視線が合った瀧本が、そっと人差し指を口元にもっていき、口を出すなと示唆した。

「何を言っているのですか？」

唯香もまた、話の展開が読めないようだった。

「従業員全員、給料を五％下げることには、合意しています。ただし、人員を減らさないということ、そして、黒字になったら元に戻してもらうことが条件です」

設楽が言ったことを、私はにわかには信じられなかった。すでに従業員の給与は、ＲＳＪの規定に合わせ、平均して六％下がっている。

全員の給料をさらに五％下げれば、それは人員を削減した給与総額とほぼ同額になる。

「全員ですか？」

唯香の声が驚きで揺れた。

「全員です」

腹に力を入れて言った設楽の声が部屋中に響いた。殴り込みに来たつもりが、肩透かしを食った形の唯香は、反応できなかった。

「もういいでしょ。支配人をいじめてはダメ！」

ソムチャが、唯香に詰め寄った。

気迫に飲まれた唯香が、踵を返してレストランから出て行くと、若い従業員が、やったーとガッツポーズをした。私だけが、何が起こったのか飲み込めないなかで、皆は顔を紅潮させていた。

「今、何を言ったか、分かっているんですか？」

私は、設楽の体を揺さぶって問い質した。

「支配人、俺たち、話し合ったんだよ」

五％給与カットに、従業員全員が合意していると、松田が言った。

「絶対黒字にしなくちゃね」

「五％マイナスは、少しの間ですよ！」

「全員が支配人！」

と、従業員が口々に言った。堪えきれず泣いてしまった私の肩を誰かが擦《さす》ってくれた。

「支配人、最近、泣き虫だなぁ」

そう言った小澤の声もまた、湿っていた。入江もしきりに洟《はな》を啜っている。

全員が、身を切って鳥楓亭を再生させようというのだ。心が一つになり、必死の覚悟で決断したのだろう。そんなことをしてはいけない、と言うべきだと思う。一方でそのありがたさが胸でふくらむ。二つの思いの出口が見つからず、私はわななないた。


寮の部屋に戻ったが、ジェニファーはチューニングしてこなかった。ただの居候猫だ。

「どうしたの？　ジェニファー。人間の言葉忘れちゃったの？」

ジェニファーは、壁にくねくねと体を擦りつけ、餌をねだるだけだった。

そのとき、スマホが鳴った。青島だった。

「エリンギ、人件費の話……」

「うん」

「永田が乗り込んで、みんなに承諾させたって？」

私は、あっけに取られた。唯香は五％減額を自分の手柄にしてしまったのだ。

「黒字になるまでって、長いぞ。客足はいずれ戻るだろうけど、借金は当分減らない。年単位の話だ」

仮に稼働率が目標通り上がったとしても、債務は、目の前の動かし難い石のようにそこにあるのだ。

だいたい、旅館を手放すことに傾いていた鳴海を舌先三寸で契約させたのは誰なのだ、と青島を責める気持ちがふつふつと沸いた。だが言ったところで、それは詮無い話だった。唯香に対しては、不思議と腹が立たなかった。

私は、従業員の思いに応えるために全力を尽くすしかない。この状況を打破するためにどうしたらいいのですかと、誰にということなく念じてベッドに入った。ジェニファーは、ベッドの定位置で、臍天《へそてん》で熟睡していた。

その日、私は債権者である潮風信用金庫との契約書を睨んでいた。

従業員の給料が五％下がることを考えるたびに、胸がちりちりと焼けるようだった。何とかしなければならない。

ＲＳＪとの契約前、鳥楓亭は人件費率と売り上げ原価率が高く、稼働率が落ち込んでいて、事業自体が健全とは言い難かった。

しかし、潮風信用金庫は、ＲＳＪに話をもってきた。元金は、四年と一か月未払いだが、利息の返済だけは継続的に行なってきた。それが評価されたことと、ＲＳＪの事業計画で経営改善されるという期待のもと、返済は猶予された。

コンサル契約が始まって半年、やっと返済の目途が立ったのだ。だが、これからというときに群発地震という思いもよらぬ不運に見舞われた。

お金の相談をしたかった。現場を知らない本部の人間では話が噛み合わない。青島では恨み言が先に立つ。できるのは、瀧本しかいないと思った。

事務所の応接ブースにはサービススタッフだけではなく、料理人までが休憩しに来るようになった。嬉しいことだが、瀧本と内緒話をする場所が見当たらないのだった。

「ちょっと話があるんですけど」

車寄せでお客を見送ったあと、早口で言った。

「地域活性ですか？」

「いえ。……お金の話です」

敷地を出るときに振り返ったお客に、再び一礼した。

一時間後、瀧本からパソコンにメールが来た。指定された店は、駅の反対側にあるイタリアンレストランだった。

正午をずいぶん過ぎた時間だったが、別荘地の住人で席の大半は埋まっていた。案内された隅の二人掛け席で、私はすぐに本題を切り出した。

「鳥楓亭を生き返らせるには、元金の返済までにもう少しの猶予をもらう必要があるの」

当たり前すぎる話を、瀧本はただ黙って聞いてくれた。

「担保の売却を勧めるか、鳥楓亭の未来に賭けるか、瀧本さんが信金ならどっちを選ぶ？」

「売却のほうが手っ取り早いです」

「でも潮風は、一度は待ってくれたわよね」

瀧本は、まつげを伏せて少し考えていた。私は、胸にある作戦を打ち明けようと決心した。

「実は、レビックっていう地域経済活性化支援機構で、リスケ（返済条件の変更）の申請をしてくれるそうなの」

「そこに依頼するんですか？」

「ううん。リスケを頼むのが、レビックと私とで、信用金庫にとって何が違うかを知りたかったの」

瀧本はそこまで聞いてまた黙った。しばらくして、

「いえ。信金にとって、返してさえもらえるなら、どこでも同じだと思います」

その言葉が私の背中を押した。私は、返済条件の変更を潮風信金に直接掛け合おうと決めた。

「毎月の返済額を減らせたら、再建できる。だから、リスケしてほしい」

「はい」

「そう頼むことにするわ！　瀧本さん、一緒に資料をつくってほしいの」

「新しい資金繰り表が必要ということですね」

瀧本はすべてを承知してくれた。

「お願いします。私は経営改善計画をつくります」

「じゃあ、私はＲＳＪさんが入ってからの実績表もつくります」

瀧本は、冷めたピザの前で、手帳にメモをしていた。


三日後、潮風信用金庫の融資課長とアポが取れ、資料を携えて訪ねた。

潮風信金は沿線の駅ごとに小さな支店がある、まさに地域密着型で、鳥楓亭の最寄りの支店は、駅近のビル一棟を店舗としていた。ガラスのドアを入ると、制服を着た女性がカウンター脇の小部屋に案内してくれた。

すぐにやってきた融資課長は、奥原《おくはら》と印刷された名刺を差し出し、慇懃に腰を折った。

「私、引き継いだばかりなんです。鳥楓亭さんをちょうどお訪ねしようと思っていたところでした」

前任者は四十代の温厚な男性だったが、いかにもエリート然とした奥原に替わっていたことを知り、取りとめなく嫌な予感がした。

「私も、昨年赴任したばかりです。六年前までは銀行で融資係にいました」

奥原は、ソファーに掛けるように促し、自らも腰を下ろして、すぐに切り出した。

「鳥楓亭さん、お利息はお支払いいただいていますが、元金は滞っていますね」

言葉は丁寧だったが、眼光は鋭い。

「はい。実は、今日はその件で……」

私は、返済条件の変更を頼みたいのだと率直に言い、用意してきた新旧の資金繰り表、経営改善計画書、この八か月の実績表をテーブルに置いた。

仮に、この場で奥原が理解してくれたとしても、支店長、あるいは本店の担当部署という壁が行く手に立ちはだかっているのは知っている。そのために綿密な資料を準備した。何が何でも従業員の給料を元に戻したい。とにかく、目前の奥原が第一関門なのだ。

「実績表ですか。……ふむ。確かに稼働率は上がりましたけど……」

目を通しながら奥原は渋い顔をし、

「塚田涛游氏の絵の件、聞いていますよ。この二か月間はフロックでしょう。実績とは言い難いなぁ」

とたんに砕けた口調になった。

二か月間の黒字は、塚田の絵によるまぐれ当たりだと突っぱねたのだ。

「でも、口コミは確実に上がっています。地震の風評さえ収まれば、稼働率は上がります。粗利が今は一桁ですが、二十%にもっていける自信があるんです。経営改善後の資金繰り表をご覧ください」

奥原は、資金繰り表にちらと目をやっただけで、テーブルに置いた。

「実は、抵当権の実行についてそろそろと考えています。前任者は鳴海さんに、事業継続を勧めたようですが、今の方針は違います」

殴られて星がちらつくような気分だった。

「ご担当が替わったからといって、にわかに方針を転換するのは合点がいきません」

私は必死で食い下がった。

「まぁ、うちも半年待ちました。あなたも銀行の融資係にいたのなら分かるでしょう。鳴海さんとご相談の上、お決めください」

元は銀行員だろうと切りかえされて、言葉に詰まった。奥原が言うように、金融機関とは、そういうものなのだ。

「返済条件を変更してください。お願いします」

頭を下げて、唇を噛みしめ再度依頼した。

「それは、今、滞っている元金の分、えっーと、五千八百万円ご返済ののちのご相談ですなあ」

奥原は、木で鼻を括ったような物言いのあと、あからさまに冷淡な表情をした。

歩いて鳥楓亭に戻りながら、「支配人、頑張りましょう！」と言った皆の声がよみがえって、胸を締めつけた。


石橋が、通用口から気楽に事務所に入ってきて、私はブースの椅子を勧めた。

「阿久津さんが、今、役場の上司に諮ってくれています」

瀧本も加わった。

「まだ仮ですが、タイトルはダンス猫カーニバル、日程は、紅葉前の十一月の日曜日を考えています」

「主体となるのは、どういう組織ですか？」

瀧本が、メモしながら訊いた。

「実行委員会をつくる方向でいきます。で、ＲＳＪ系列から人を出すように頼んで、それも本部のＯＫが取れました」

石橋は精力的に進めていた。

「各施設二人以上でお願いしました。鳥楓亭さんもよろしくお願いします」

石橋に頭を下げられるまでもなく、私もその心づもりでいた。

「戸川さんもやりませんか。実行委員会」

冷たいジュースをもってきたあずさを、石橋が誘った。

「彼女、家業の手伝いがあって、時間がないんですよ」

返事をしたのは瀧本だった。


ダンス猫カーニバルの実行委員を募ると、里奈が最初に手を挙げた。地域の活性に興味があるという理由だ。里奈ならば自信をもって推薦できる。

次に上野が私のもとにやってきて、参加を表明した。

「業務との調整は大丈夫ですか？」

「はい。瀧本さんに相談したら、シフトを調整するって言ってくれました」

「そう。上野さんが手を挙げてくれた理由は？」

「私、何かをゼロからつくっていくこと、苦手なんです。こういう文化祭的なことも、好きではありません」

上野は以前、食品の衛生と施設の安全に意識が向かう、と言っていた。温泉のレジオネラ菌対策も積極的に行なっている。

「ただ、私のようなタイプのメンバーも必要なんじゃないかって」

「上野さんのようなタイプ……」

「はい。どんどん進む人たちの抜けを、立ち止まって埋めていくような……」

「その通りだわ。上野さんが実行委員会の良心として活動してくれること、期待していま
す」

　上野を推すことに同意した。

「支配人、一ついいですか？」

「ん？」

「実は、前の支配人に言われて、私、本館の残室数を操作してたんです」

　以前瀧本は、宿屋の仕事はこなしで、ささやかな楽しみは仕事が楽なことだ、残室ゼロにして予約数を制限したのは、本館の布団敷きを減らすためだと告白した。それは、本当は上野が行なったことだというのだ。

「竹田さんから、私の代わりに瀧本さんが叱られたって聞きました」

　瀧本と対峙したときに栞が事務所にいた。

「すみません。今まで言えなくて。……良心って言われて、黙っていられないと思いました」

それを今更問題にする気はなかった。瀧本は彼らしい欲念のなさで、罪を飲み込んだ。

「上野さん、何か急に大人っぽくなったわ」

「はい。私、言葉づかいから改めることにしたんです。手本は瀧本さんです」

人は意識が変われば自ら成長するのだと感心した。


雨が続き、渓流の水量が増えていた。それを狙って、フライフィッシングの人が流れに入っているのが本館のバーから見える。

「支配人、ここにいらしたんですか」

里奈と上野が、入ってきた。

「ええ。渓流に釣り人がいて……」

「ああ、餌釣りが解禁になってるんですよ」

地元出身の上野は、このあたりの暦に詳しい。毎年、稚魚のアマゴを放流しているが、ここ数日、目をこらすと成魚の影が見えると続けた。

「……今少しいいですか？」

二人は、実行委員会の初回会議を終え、報告にやってきたのだ。

実行委員は十人。委員長には石橋がなり、珠珠庵からは晶子も参加していた。観光課にインターンシップで来ている観光学科の大学生五人も手伝いに加わり、週に数回集まるという。

「カーニバルの日程は、十一月の第一日曜日と正式に決まりました。道路使用許可や臨時出店手続きなどの事務的なことは、阿久津さんがやってくれます。えっと、宣伝用パンフレットの素材写真の撮影は来月です」

上野が律儀にメモを読んだ。

温泉場の宿屋への協力依頼が、里奈からリストとして渡された。

そこには、ホームページでのPR、猫メイクの講習会に参加、模擬店の出店準備と、案内や交通整理の協力等と記されていた。

「実は支配人には、この件について女将会に出向いて協力を仰いでほしいのです」

上野は、実行委員会からの依頼書を寄越した。このとき私は、それをたやすいことだと考えていた。

この温泉街の宿屋が抱えている事情はそれぞれだ。利益率、稼働率ともに高い勝ち組は少数だ。一万円を切った価格を売りにしている薄利多売の館もある。老舗には施設が老朽化しても修繕がままならないところは意外に多い。

ダンス猫カーニバルの協力要請のために、阿久津とともに出かけた女将会は、まさにそれぞれの事情を抱えた宿屋経営者の集まりだった。二か月に一度、公民館の集会室を利用して行なわれる。

ＲＳＪグループは、女将会には加盟を許されていない。会員複数人の推薦という高いハードルがあるからだ。

女将会と言っても、メンバーには男の経営者もいるし、旅館業がらみの納入業者も数年前から参加を許されていると聞いている。

私たちは、三十分の時間を与えられ、宿屋の経営者の前に立つことになった。

阿久津と町役場で会い、公民館まで十分ほどの道を歩いた。ここ数日のニュースには空梅雨の文字が躍り、二人が踏みしめる未舗装の足元から土埃が上がった。

「役場の女性職員が猫ダンスの練習を始めました」

「へえ」

「なかなかいい線いっていて、音楽はありものなんですが、自分たちで着ぐるみをつくって。まぁ、かわいいです」

「いいですね。県外からのダンスグループの申し込みは？」

「実は出足がよくないんです。これから旅館がホームページで告知を入れてくれると、宣伝になります」

「じゃあ、今日は女将の皆さんにしっかりお願いしましょう！」

阿久津は、浮かぬ顔になった。

「実はこの町には、昔から寄り合いのようなものがありまして、回覧板が必要ないくらい結束が強かったんです。その名残が今もありまして……。何年か前に、地域創生塾を町が企画したことがあったんですが、うまくいきませんでした」

地域創生は宿屋にとってもメリットがあるはずだ。

「どういうことですか？」

「うまく言えないんですが、新興勢力とか革新的なやり方を嫌うんです」

阿久津の声には気重な響きがあった。


公民館の集会室の後ろの扉を細く開けると、三十人ほどが集まっていた。女将会会員の半数以上だ。私たちが入ったとたん、数人が敵意の視線を浴びせた。

緞帳《どんちょう》付きのステージがある集会室で、教室のように設えた長机の前に、阿久津と二人で立った。カーニバルの概要を阿久津が短く説明し、当日のボランティアの協力などを要請した。

「町にはこんなことより、駅前のゴミの問題とか、そういうことに税金を使ってほしいですよ」

最前列の女将が言った。

「実行委員会の方には手弁当でお願いしています。協力してくれる学生さんも無給です。町は今期予算計上していませんから、場所の提供だけをしています」

「交通規制があると、うちの宿までう回路を通ることになります。役場で案内の人、出してくれるんでしょうね」

「すみません。一日だけのことですから、どうかご協力ください」

「女将会に挨拶しに来るの、遅いんじゃないですか。ずいぶん前に町のホームページに掲載されたっていうじゃないですか！」

「それは、お願いする内容がはっきりしてからのほうがいいという判断です」

示し合わせたように出てくる抗議に、阿久津は防戦一方だ。

「まぁ、まぁ。皆さん。話を聞きましょうよ」

と、やや後ろの席から立ち上がって、女将たちを宥《なだ》めたのは、燃料店の高須だった。重油の入札で毎月鳥楓亭を訪問している。一度も落札できたことはないが、不服を顔に出したことはなかった。

「この方、鳥楓亭の支配人の甲斐さんです。僕、甲斐さんのファンなんですよ……」

歯の浮くセリフだが、ここでの加勢はありがたかった。私は、刷り物を配付して話し始めた。

「今日はお時間をいただき、ありがとうございます。私たちは、群発地震のイメージをこのカーニバルで払拭したいんです。どうかご協力ください」

続いて、宿のホームページで宣伝して集客につなげてほしいと説明した。

「鳥楓亭さん、テレビに出たりして、調子に乗っているんじゃありませんか」

泥染めの大島紬をきりりと着ている老齢の女将が、私の話に割って入った。あからさまな敵意の視線が私と交差した。

私は、地域活性も鳥楓亭の再生も諦める気はなかった。力を合わせて街をよくしたい。

「この温泉街全体の視点で考えていただけませんか」

「あら。私の料簡が狭いと言いたいの！」

大島紬が喧嘩腰になると、他の女将も得たりやおうと好戦的になった。

「大手が入ってきて、この町は荒れましたよね」

「そうですとも。歴史あるこの温泉街が下品になりました」

と、八つ当たりのような発言が次々と飛び出した。集中砲火のなかでは何を頼んでも撥ねのけられそうだった。

よく見ると、会場は二グループに分かれている。発言しているのは、前に陣取っている数人で、後ろにいるメンバーは資料に目を通していた。関心があっても発言できないのだ。

「メイクの講習は、来月公民館で行なうことになっています。舞台の特殊メイクをしているプロの方が来てくれます。今後ご協力いただける宿は、毎週水曜日の正午から鳥楓亭で定例会を行ないます。興味のある方のご参加、お待ちしています」

私は、それだけを言って話を切り上げた。

「僕、できるだけ説得してみます」

高須は立ち去り際に追いかけてきて囁くと、いつもの親しみやすい笑顔で見送ってくれた。

公民館を出てすぐに、阿久津が申し訳なさそうに言った。

「甲斐さん、この街は夜明け前ですね。地域がいきいきすれば自身に還ってくるのに」

「人はきっかけがあれば変わります。甲斐永理子、へこたれずにやります！」

私は、ダンス猫カーニバルがその潮目になりそうな気がしていた。

その日、帳簿を見て、腋の下から汗が流れた。赴任して初めて、現金が足りなくなった。

資金ショートだ。

これはオーナー案件だ。本来なら、現金の補充を鳴海が行なうことになる。しかし鳴海の耳に入れば、閉館の引き金になることが必至だ。想像しただけでぞっとした。

本部につなぎを頼むとしたら、唯香を通すことになる。それはもっと嫌だった。

二週間後にクレジット会社から現金が入ってくるが、その前に給料日がある。凌ぐには買掛金支払いの先送りしかなかった。

羽生田商会の羽生田にボイラー室の外で、頭を下げた。

笑顔をどこかに置き忘れたかのような羽生田は、実のところ私の気を重くする苦手な相手だった。

「半月、待ってください。必ず支払います」

羽生田は、しばらく返事をしない。私は腰を折って、羽生田の長靴を見つめ続けた。

「半月だよ」

「はい！」

鳥楓亭が生き残るためなら、頭を下げることは何でもなかった。だが、この綱渡りがいつまで続くのだろうと思ったら、気が遠くなった。

「うちでよかったんだよ」

羽生田は少し柔らかい声で言った。

「よそだったら、噂が広がった」

それだけをぶっきらぼうに言って、羽生田は踵を返した。生垣脇の砂利を踏む音が、鈍く響くのを聞いて、なぜか涙が滲んだ。


その夜、ジェニファーが久しぶりに現れ、ベッドに座った。

「金が足りんのは、どうしてか、永理子さん分かるか？」

「簡単。稼働率が下がったから」

「あほな。永理子さんに足りないことがあるからや」

ジェニファーは、いつも通り冷ややかだった。

「足りないことって？」

「……ほな、最後に教えたる」

ジェニファーは、もったいぶって言った。

「今永理子さんの身に起こっていることは、永理子さんのせいや」

「何言ってるの？」

「全部あんたのせいや。人のせいやない」

その理屈は、まったく理解できなかった。

「マネジメントは『全部自分のせい』から始めるんや。そやから力強く進める」

確かに、どこか他人ごとだった。

「自分がつくった借金やない思ってるやろ。だからあかんのや」

はっとした。潮風信金にリスケの門前払いをされ、それ以降手を出せずにいる。

原因は過去の経営でも、今前進できるのは私自身しかいないのだ。

鳴海が鳥楓亭を閉める選択をしたらどうするのか、自問自答した。従業員全員とともに退職し、次を考えたい。その無茶なプランに方策があるわけではないが、私は鳥楓亭と運命共同体になろうと腹を括った。

「よし。永理子さんは、もう自分の本心に一人で辿りつける。あたしはお役ご免やな」

「まさか。もっと教えて！」

これが本当にジェニファーの最後の言葉になるとは、このとき私はまったく予期していなかった。

翌日、鳴海の水産加工場に向かった。二階の事務室の窓にはブラインドが降りていたが、強烈な太陽光が、テーブルに細い縞模様をつくっていた。

「鳴海さん、五千八百万円、用意していただけませんか」

応接椅子で向き合ってすぐ、単刀直入に言った。鳴海は、ぎょっとして、次には顔を赤くした。

「甲斐さん、約束の半年はとっくに過ぎて、稼働率は上がらない。もう畳もうと考えていたんだよ」

鳴海が「畳む」と言うたびに、心臓が大きくずきんと鳴って胸が痛む。

「甲斐さんねえ、これ以上傷口を広げない、すぐに借金を清算して儲けを出してくれるって言うからRSJさんに頼んだんだよ」

「鳴海さん、待ってください。そのお金があると、このあと、潮風信金と交渉しやすくなるんです」

「どういうこと?」

「潮風信金に掛け合い、返済を緩やかにしてもらいます。その間に稼働率が上がります」

私は瀧本がつくってくれた資料をテーブルに広げた。

「結果、粗利率が上がって、鳴海さんの収入が増えます。約束します」

「そんなこと……」

「できます」

「甲斐さん、あんたはよくやってくれた。だがね、もう終わりにしたいんだ」

鳴海は、哀願するような目になり、声を絞った。これまでも、重苦しい選択をして来たのは想像に難くない。だが、ここで鳥楓亭を終わらせるのは、間違った選択なのだ。

「お願いします。鳥楓亭を見に来てください。見ずに捨てないでください。私の従業員を見てください！　見ないときっと損をします」

必死で懇願したが、鳴海は決して首を縦に振らなかった。

8章

もうひとつの物語をつくるお手伝いができたね

鳴海が売却を決断すれば、明日にでも営業が終わるという状態で、鳥楓亭は風前の灯だった。そんななかでも日々の営みは何もないように粛々と過ぎていく。

朝、事務所に入ると、私には気づかず栞がブースのテーブルに雑巾をかけていた。椅子の座面も手早く拭く。他人の目がなくともかいがいしく清掃する姿が美しかった。

口から出まかせがきっかけで始めることになった水曜会に、女将会のメンバーが少数でもやってくることに私は賭けていた。

水曜日の開始時間の正午には祈るような気持ちで待った。

玄関からぞろぞろと入ってきたのは、五人の経営者だった。賛同してくれる人がいただけで嬉しかった。そのあとも、何人かがぽつぽつとやってきて、そのうちの一人の女将が、

「羽生田さんは、見えていますか？」

と訊いた。重油の納入業者羽生田のことだった。毎月僅差で高須燃料に勝っている。そ

して、つい数日前には支払いを二週間待ってくれた。

「いい話だって言われて来たんですよ」

羽生田に誘われて重い腰を上げたという経営者が、このあと何人か続いた。

結局二十人がやってきた。案の定、女将会のときに集会室の後ろの席で小さくなっていた面々もいる。それにＲＳＪ系列の宿の支配人四人も参加した。

正午ちょうどに羽生田ものそのそと入ってきて、いつもの仏頂面で末席に座った。

私には、もう一人待っている人がいた。鳴海だ。

カーニバルは鳴海にもきっとメリットがある。宿屋にとっても、海産物直販所と海辺食堂のオープンはいい話だ。前夜電話で水曜会参加を勧めたが、鳥楓亭を嫌っている鳴海からは芳しい返事をもらっていない。

実行委員長として石橋が挨拶をしたあと、カーニバル当日、地元のバス会社が臨時で駅と温泉街を結ぶ連絡バスを運行することなどを阿久津が伝達した。

そのときやっと鳴海がやってきて、参加者たちが、誰？　という顔で落ち着かなくなった。

「鳴海水産の社長の鳴海泰三さんです」

阿久津が紹介すると、鳴海は固い表情のまま一礼した。

「実は、鳴海さんはまもなく海産物の直販所と海辺食堂をオープンされます。カーニバルに合わせて、旅館と直販所がコラボできれば、互いにメリットがあると思ったのでお呼びしました」

すでに直販所の噂を知っている人は多く、鳴海の参加を歓迎する声があちこちから聞かれた。

詳しく聞かせてください、と懇願されて、鳴海は港の朝市をイメージした直販所と、とれたて食材を使った海辺食堂について説明した。

宿屋の経営者たちは色めきたった。カーニバルの前後の日程で、直販所、食堂と連携した宿泊プランをつくれないかと、どんどん話が進む。

「直販所は、宿の皆さんに協力しますよ。旅館に直販所のチラシを置いてもらえますか？」

鳴海にも、ようやく自分自身のメリットが見えてきたようだった。

「もちろんです。バスの運行ルートに直販所も加えたらどうでしょうか」

水曜会が発足し、やっと中身のある話し合いに入って、私は阿久津、石橋とともに胸を撫でおろした。

「羽生田さんが、誘ってくださったって本当ですか？」

帰り際に声を掛けた。

「うちは温泉街がよくなってくれればそれでいいから」

相変わらず温度の低い声だ。

「水曜会のこと、どなたから聞いたのですか?」

「賛成派の女将です」

「賛成派……」

「今、街の旅館は賛成派と反対派に二分されています」

そんなことになっているとは想像もしていなかった。

「賛成派の望郷楼《ぼうきょうろう》さんには、偽の予約が毎日数十件とあるらしいよ」

羽生田が反対派の仕業だと暗示した言葉に、ただならぬものを感じた。


ワイシャツの袖をたくし上げて青島が突然やってきたが、私はその理由を知らされていなかった。

「暑いなぁ。梅雨明けしたとたんじりじりと。……ちょっとボイラーの点検するな」

一緒に来たのは、ボイラーメーカーの技術員で、宮地《みやじ》と記した身分証を示された。三人で地階の裏口から出て貯湯槽の脇のボイラー室に入った。

じーじーとやかましいほどの蟬時雨が渓流沿いの林から聞こえる。

「何かあったの？」

声を張って聞いた。

「蛍雪園で、ガスが充満して貯湯槽が破裂した。ボイラーは無事だった」

「えーっ！　腐食？」

温泉の配管は腐食しやすく、以前はそれが原因でガスが溜まることがあったらしい。

「まさか。ＲＳＪの施設はメンテナンスが行き届いてるからそんなことは起きないよ。自動空気弁が何らかの原因で閉塞して、ガスが溜まった」

「何らかの原因って？」

青島はそれには答えず、鳥楓亭は異常なしと言って、足早に他施設へ向かった。


水曜会には、鳴海も毎週参加した。私は鳴海の姿を確認すると、正直、脱力するほどほっとした。少なくともこの間鳴海は鳥楓亭を畳むとは言わないだろう。カーニバルまでは、私のわずかな執行猶予期間なのだった。

阿久津も毎回やってきて、皆に進捗状況を知らせてくれた。

この日はとくに嬉しそうで、玄関で私を見たとたん口を開いた。

「甲斐さん、県立高校のブラスバンドとダンスサークルが、練習に入っていましてね、先日見に行きましたが、なかなかのものです。バレエスクールや小学校のクラス単位でも参加申し込みが来ています」

「楽しみですねぇ。県外からはどうですか」

「はい。水曜会の宿がホームページでPRしてくれてから観光課への問い合わせが急に増えました。今、参加要項を送っています」

「やはり宿屋の協力が鍵でしたね」

「はい。パレードはにぎやかになりますよ！」

売店に、猫をモチーフにした巾着袋、眼鏡ケースやペンケース、財布などの小物が並んだのを、やってきた女将たちが目ざとく見つけた。

「猫グッズを、カーニバルに合わせたのね。鳥楓亭さん、さすが商売上手だわ」

水曜会に欠かさず足を運んでいる桐《きり》の屋の女将、美津子《みつこ》が言った。

それは、以前栞が提案した企画で、実物を取り寄せると品のいい織物だった。私は一目で気に入り、仕入れたのだ。猫でカーニバルとつながったのは偶然だ。

「これ、きっと売れますよ」

珠珠庵の晶子も手に取り、検品するように見た。

「契約から陳列までの一切を、竹田栞が行なったのよ」

「へぇ、あんなに若いのに？」

当初私の前で声も出せなかった栞が、見事に期待に応えてくれたのだった。

「そう言えば、ボイラー関係の事故が続いたって知っている？」

美津子がひそひそ声で言うと、売店前で足を止めていた数人の女将が額を寄せてきた。

「どこですか？」

「それがね、おかしいと思わない？」

美津子は声を潜めた。

「三軒とも賛成派……」

狭い町のなかで、どこの館が賛成派か反対派かは、人の知るところとなっていた。


ダンス猫カーニバル協賛施設は、結局三十四施設になった。

それらの宿は、カーニバル前日と当日、どこも満室やキャンセル待ちになったことが水曜会の冒頭、石橋から知らされた。予想以上の観光客がこの街にやってくることは間違いなかった。

とくに、鳴海の直販所とタイアップした宿泊プランは、人気だった。海辺食堂の昼食、直販所の干物の土産のいずれかを選べる。鳴海にとっても直販所の存在を知らせるいい機会になった。

阿久津の協力依頼を受け入れなかった宿屋は、臍《ほぞ》をかんでいるという話が誰からともなく聞こえてきた。

この日水曜会が散会してから、ボイラーが故障したという旅館の女将から話を聞きたいと頼むと、美津子は二人の女将をレストランに連れてきた。ＲＳＪ施設の点検を終えた青島が再び立ち寄った。

「どんな状況だったんですか？」

同行していた宮地に訊ねられ、二人の女将はそれぞれ事情を語った。

「蛍雪園と同じですね」

宮地が迷いなく言った。私は怖くて身震いがした。青島が直截に訊いた。

「宮地さん、誰かが細工して故意に事故を起こしたということですか？」

「断言できませんがね、小さな温泉街で、偶然同じ事故が何件も起こるとは考えにくいでしょう」

宮地は、淡々と言い、

「ただ、素人ができることではないですね」

と最後につけ足して、引き取った。

二人の女将は思い当たることがないのか、首をかしげている。

「そう言えば、望郷楼さんに偽の予約メールが毎日数十件もあるって聞いたわ」

女将の一人が言った。以前、羽生田から聞いた話が、女将たちの耳にも届いていた。この日は不参加だったが、望郷楼もボイラー事故に遭っている。

「怖いわ。望郷楼さんも賛成派よねえ」

美津子が眉をひそめながら肩を抱いた。


ジェニファーは、秋口からまったく私の部屋に来なくなった。台風が立て続けに本州に上陸して、冷たい雨が降っているというのに。

朝、寮を出るときに、晶子に声を掛けられた。

「甲斐さん。最近オカミ行ってますか？」

「そうだなぁ、十日くらい見ていませんね」

「でしょう。石橋さんもずっと見ていないって言うんです」

「家出？」

私が言うと、晶子は少し笑った。

「迷子でしょう」

ジェニファーは意志をもって出て行くことがあっても、迷子になるとは思えなかった。石橋も気にしているというので、桑原に声を掛け、四人でジェニファーを捜索することになった。

全員の都合を調整できたのが三日後だった。四人で手分けして寮のすべての部屋を訪ねたが、ジェニファーはどこにもいなかった。周囲の草むらや軒下を観察すると、何匹かの野良猫がいたが、どこにもジェニファーの姿はない。

通り掛かりの住人から気になる情報が入ってきた。

「この前、ここに停まっていた軽トラの荷台で猫が寝ていましたよ」

「それ、シルバーと黒のトラ模様の猫ですか？」

「ああ。そうですね」

ジェニファーは、暖かな日差しの午後、トラックの荷台で熟睡し、目覚めたときには知らない場所に運ばれていたのではないか。全員が同じ想像をして、顔を曇らせた。

「オカミ、今頃どうしているんだろう」

晶子は、ひときわ意気消沈している。

「腹、すかしてるんじゃないかなぁ。食欲旺盛だったから……」

石橋も、桑原も、晶子も気を揉んだが、私だけは少し違っていた。ジェニファーは、どこででも生きていける。チューニングできる人に説教をし、交換条件に餌をねだって、さらに太っていると思った。


温泉場で貯湯槽の破裂が四件あり、どれも似通っていることを、青島が地元の警察に届け、事故から十日以上経ってやっと捜査が始まったのが夏の初めだった。小さな温泉街では、カーニバル反対派の仕業だという噂になり、いったい誰なのだと物見高い輩の当て推量がしばらく飛び交っていた。

数か月経って、ボイラー事故のことすら忘れたころ、建造物不法侵入の疑いで、警察が重要参考人に事情を聞いている、という話が温泉街を駆け抜けた。蛍雪園前のコンビニの防犯カメラに、裏口から侵入する姿が映っていたというのだ。

夕方に羽生田が相変わらずの仏頂面で、鳥楓亭の事務所を訪れた。ブースに案内されて私と向き合ったが、用件をなかなか話そうとしない。

「どうしたんですか？」

「鳥楓亭さんがきっかけになって、温泉街のあちこちの旅館が重油の入札を始めました」

ぼそぼそと話し始めた。確かに、ＲＳＪ系列がこぞって入札に踏み切り、それに続く旅館が増えたと聞いている。

「高須さんは、鳥楓亭さんに恨みをもっていたという話です」

女将会でばったり会ったのが最後だった。あの、人の懐にするりと入る笑顔の陰で、高須は私を恨んでいたのか。

羽生田はしばらく逡巡したあと、口を開いた。

「今、警察で事情を聞かれているのは、高須さんです」

「えっ！」

ＲＳＪ系列の入札で、高須は一度も納入業者に選定されたことがない。

「そんな……。でも鳥楓亭は被害に遭っていません」

「鳥楓亭さんのボイラー室には外から入りにくいからね。だから代わりに……」

蛍雪園がとばっちりを受けたと言いたいようだった。

価格競争の中で負けていくものの気持ちを考えると胸が塞がった。

「じゃあ四軒は、賛成派だから攻撃されたわけではないんですね」

「いや。望郷楼さんに偽の予約を毎日数十件入れたのも高須らしい……」

望郷楼は賛成派だ。

「なぜ、高須さんが賛成派を……」

「反対派はアンチ鳥楓亭で結束してる。高須は反対派に上手にとり入った。反対派には私のところから高須に移行した旅館もありますからね。高須は恩義を感じたんじゃないですか」

ボイラーに細工して事故を誘発させるのは悪質だ。人が巻き込まれる恐れもある。偽の予約は、偽計業務妨害の罪にも問われるだろう。私は、恩義、という動機に解せないものを感じた。

このあと羽生田は、街のなかで意見が真っ二つに分かれるようなことは、この温泉街に似つかわしくない、と悲しそうな顔で訥々《とつとつ》と言った。

例年より数日早い木枯らし一号が吹いた。これから山が色づき始め、紅葉は十一月の下旬にピークを迎える。その秋の紅葉シーズンの幕開きにダンス猫カーニバルが開催されるのだ。

準備についやした五か月は、過ぎてしまうとあっという間で、直前になってあれこれ手つかずのことが出てきた。

鳥楓亭のレストランでは、一日限定の甘味処を営業することになった。塚田涛游の絵を観たいという多くの要望に応え、開放することにしたのだ。一週間前には小澤がそのための立て看板をつくった。

反対派でも急遽、昼食の営業をする旅館や、店先で小商いをしようという便乗商店が現れ、キッチンカーやワゴンをレンタルするのも一苦労だという話が飛び交った。

そんななか、カーニバルの数日前に青島からもたらされたニュースに驚愕した。高須にボイラーの細工を命じたのは、なんと桐の屋の美津子だというのだ。桐の屋は蛍雪園、望郷楼と価格帯が近く、競合関係にあった。この数年客足が落ち、蛍雪園と望郷楼の風呂が故障すれば客が流れると考えたらしい。標的はその二軒だったのだ。

他の二軒を狙ったのは、反対派の仕業と思わせるための偽装で、ボイラー室に入りやすいというだけの理由だったそうだ。ＲＳＪをよく思っていない高須に話をもちかけたのは、美津子のほうらしい。

「桐の屋はもうこの街で宿屋を続けられないな」

スマホの青島の声が言った。

「気取らない、いい宿だったわ」

「厳しいな、この業界は」

美津子の私怨がきっかけだと分かってから、黴《かび》のように街に繁殖していた賛成派、反対派という仕分けが衰えた。それは私を安心させた。このまま賛成、反対の対立が深まれば、翌年に尾を引くことになりかねない。協力体制の門戸は開けておきたかったのだ。

カーニバルの日は、午後に小さな傘のマーク、夕方から雨の予報だった。前日の夕方、役場に行って石橋、阿久津と最後の打ち合わせをし、天気がもつようにと三人で願った。

「来年から協賛宿を増やすには、何としても盛り上げなければならないですね」

石橋は、ボイラーの話には触れなかった。私もうなずいて続けた。

「はい。もう一度来たいとお客さまに実感してもらう地域にするには、まず従業員の誇りをつくること、そしてこの温泉街が協力し合うことです。明日がスタートですね」

石橋と阿久津には、衒《てら》いなく言える話だった。阿久津も嬉しそうに言った。

「甲斐さん、この街は生まれ変わりますよ」

阿久津を囲んで、また勉強会をしたいと思った。

「やるぞう！」

発案者の石橋は、ここまで八面六臂《はちめんろっぴ》の活躍で、最後の力を振り絞っているようだった。

鳥楓亭の従業員は、総出で手伝うことに決まっていた。空き地の地主に頼み込んで設えた仮設駐車場の受付や、カーニバルの運営、案内、清掃などに駆り出される。

私は、前夜全員をレストランに集め、短い訓辞を述べた。

「群発地震で元気がなくなったこの温泉街を活性化させたいと発案した、蛍雪園の石橋さん、役場の阿久津さんの努力がやっと実を結びます。これも皆さんのおかげです。私は、この街全体が一つの宿なんだと、だからともに繁栄していかなければダメなんだと思っています。街が潤ってこそ鳥楓亭も生きていけるのです。

明日出会うすべての人をお客さまだと思い、その人のもうひとつの物語をつくるためにお手伝いしてください」

私が頭を下げると、全員が拍手した。

当日の朝、通用口を元気に出て行く従業員たちを小さくなるまで見送った。

駅前通りに出てみると、模擬店が並び、どこからか音楽が聞こえ、駅からはぞろぞろと旅行客が降りてきて、町全体が祭りの賑わい感に包まれていた。

パレードの参加チームは、三十八チーム。町外から学生のダンスサークル、プロのダンスグループの申し込みもあり、バリエーション豊かな構成だった。手づくりの山車は、九機申し込みがあった。

協力旅館三十四施設でのメイクの申し込みは、延《の》べ四百人を超えた。「変身」を売りにしたことは大正解だった。

鳥楓亭の本館ロビーでは、泊まり客が猫メイクを始めていて、講習を受けた明美と栞が指導に当たっていた。二人はすでに自身にも猫のメイクを施して、誰なのか分からないほどの変わりようだ。それがお客の気分を早々と盛り上げた。

館内を人が、猫の変装で歩くという怪しげな様相を呈していたが、それを常連客も楽しんでいた。

カフェ・カエデも甘味処も超満員で、ヘルプしていた私が気づいたときにはパレードが終了時刻に近づいていた。

「私が交代しますから、支配人はパレードを見に行ってください」

そう言ったのはあずさだった。

「戸川さんこそ、見てきたら」

「私、出発地点で見ました。瀧本さんから支配人と交代するように言われているんです」

私は、駅前通りに出た。

沿道は、想像以上に大勢のお客で溢れていて、見慣れた温泉場とは別の街だった。

パレードは、グループごとに趣向を凝らしたパフォーマンスと音楽で猫を表現し、ゆっくりと進んだ。

レオタード姿で本格的なダンスをしているチームは見ごたえがあったし、幼稚園児が手づくりの着ぐるみでかわいらしく踊る姿は見物人を釘付けにした。

猫の街の非日常のなかで、旅行客は喜びを味わっていた。

鳥楓亭の幟《のぼり》のそばに瀧本と石橋がいて、入江、ソムチャは屋台の後始末をしていた。

石橋は、自ら企画したイベントの終盤を迎え、抜け殻のような状態で、

「甲斐さん、瀧本さん、ありがとうございました」

と、私と瀧本の手を握った。

「石橋さん、来年はもっとすごいことになりますよ。しっかり撮っておいてください」

瀧本がそう言うと、石橋は我に返って、持っていたムービーカメラをパレードに向けた。

「うちのワゴン、早々に売り切れです」

瀧本が笑顔になった。この日、入江がチーフとなって若手料理人で出店した屋台の献立は「シーフードのクレープ包み」。松田は、単価と売り上げ目標だけを提示し、若い弟子にメニューや運営の一切を任せた。

「うまくて、評判がよかったです。ちょうど、ランチを考えたかったんです。すぐに相談

しましょう」

瀧本の言葉に、若い料理人が顔を輝かせた。

カフェでランチを提供しようというのが、最近、全社戦略会議に出されたアイデアだ。とにかく、利益を上げようと、皆が涙ぐましい努力をしている。

パレードの最後尾がゴールして爆竹が鳴り、沿道で見物していたお客が散り始めた。

「お客さまが涛游先生の絵を観にきますよ。急ぎましょう」

瀧本に言われ、鳥楓亭に向かって走った。


息つく暇なく、この日の宿泊客のチェックインが始まった。

午後三時ごろからポツリポツリと雨が降り出し、日暮れとともに本降りになった。

レストランでは五時から、夕食のサービスが始まった。しかし、そのころからカフェ・カエデにお客が溢れ、私たちは何かおかしいと感じ始めた。

「電車が止まってます！」

設楽が駅まで走り、運行状況を確認してきた。集中豪雨のために鉄道が止まり、並行して走る国道も寸断されているという。温泉街が、陸の孤島となったのだ。

駅に入りきらない乗客が続々とカフェ・カエデに走ってきた。テラスの庇《ひさし》の下にまで雨宿りの人が集まっている。

「本館のロビーに移動してください」

瀧本が、急いでお客を誘導した。

しかし本館ロビーもすぐに人でいっぱいになった。

「うちだけでは無理です。蛍雪園にも引き受けてもらえないでしょうか！」

あずさに言われ電話をしたが、呼び出し音が鳴り続けるばかりだった。どこの宿も混乱しているのだ。

どんどん客が入ってくるのを見て、あずさが傘をさして外に飛び出した。

すぐにバスを運転してきたのは、石橋だった。あずさは自分の車で蛍雪園まで行ったのだ。

「うちのロビーに案内します。何度か往復しますね」

あずさと石橋は協力して蛍雪園にお客を運んだ。

足止めを食い、鳥楓亭の本館ロビーに集まった客は百人以上になったが、午後七時にはそれ以上増えることはなくなった。設楽は、何度も駅に走って、確認してきた状況をロビーのお客に報告した。復旧が遅々として進まないことが告げられるたびに、お客から落胆の声が漏れた。

里奈と上野が中心となって、客にタオルを渡した。突然の雨に体が濡れている客は、口々に感謝の言葉を述べて、受け取った。

「甲斐さん」

私を呼び止めたのは、潮風信金の融資課長、奥原だった。

「宿泊を申し込みたいんです」

この日は、カーニバル見物後の客で満室だった。

「支店長とお母さまが、ご自宅に帰れずに困っているんですよ」

「申し訳ありません。今日は満室で。系列でも見つからない状況です」

事情を話したが奥原は納得できない様子だ。その背後にジャンパー姿の年配の男が歩み寄った。

「支店長の津川《つがわ》です」

「すみません。お部屋をご用意できなくて……」

私が謝罪すると、

「こちらこそ、無理を言いました」

と離れていった。向かった先に母親と思しき高齢の女がいたが、どうすることもできなかった。

雨脚は強くなるばかりで、お客はその日のうちに帰宅できるのかと、不安な様子だ。

「甲斐さん、大変なことになったねえ。手伝えることはあるかい？」

突然ロビーに入ってきたのは、鳴海だった。

「ありがとうございます。スタッフが動いてくれていますから、心配いりません」

「何か必要なものがあったら言ってよ」

鳴海はこの夜カフェとロビーを行ったり来たりして、帰ろうとしなかった。

宿泊客の夕食サービスを終えた厨房から温かいスープと握り飯がワゴンで運ばれ、カフェとロビーのお客に供された。

レストランの椅子がすべて運ばれ、高齢のお客に優先的に使ってもらった。誰に指示されることなく、従業員が判断してどんどん動いていく。

午後九時前に「突然の記録的な豪雨のために、交通機関に甚大な被害が出ていて、今夜中の復旧は見込めない」というニュースを見た従業員が、お客に伝えた。

お客は諦めたのか、その後の情報に一喜一憂しなくなった。従業員も全員、夜明かしすることを覚悟した。

そのとき突然、ロビーの中央に洗濯機ほどの大きさの氷が運ばれ、ブルーシートの上に置かれた。お客は何ごとだろうと注視している。どこからか音楽が流れ、氷の脇に松田が立った。

「皆さま、これからこの氷を使って彫刻をつくります」

松田はそう言うとノミや彫刻刀を使って、氷を彫り始めた。十五分ほどでできあがったのは猫の彫像だ。その鮮やかさにお客はおおーっと歓声を上げ、拍手喝采してスマホを向けた。

「おなぐさめになったらありがたいです」

と言って松田は氷の彫像とともに引き取った。重苦しいロビーが一瞬の間に和やかな空気に変わった。

「松田料理長、氷のチョーコク全国大会で優勝したね」

私の横で見ていたソムチャが教えてくれた。

夜十時を過ぎたとき、栞と麗子がリネン庫から台車で毛布の束を運んだ。ロビーの床で一夜を過ごす以外ない客に、サービススタッフが手分けして配った。

「何かご不自由があったら、おっしゃってくださいね」

サービススタッフは、高齢者や女性客によく声を掛けた。お客のなかには、私も手伝います、と言ってくれる人もいて、ロビーには不思議な連帯感が生まれていた。

幸穂が近寄ってきて、私に聞いた。

「あの、大浴場を利用する宿泊のお客さまがまばらになりました。これから清掃に入る四時くらいまでロビーのお客さまに使っていただいていいでしょうか?」

「大浴場?」

「はい。猫メイクのままのお客さまもいらっしゃって」

ロビーには濡れて落ちかかった猫メイクの客もいた。床に座る姿は疲れが滲んでいる。

この夜、私が従業員に許可を求められたのは、この一度だけだった。

「よく気づいてくれました。タオルは間に合いますか?」

「ええ。確認しましたら、数は十分です」

ロビーのお客に大浴場を開放することを決め、私もタオルを配った。

空が白む前にやっと雨がやんだ。

カフェで淹れたコーヒーのポットがワゴンで運ばれ、続いて厨房からはスコーンが運ばれた。

そんななか始発に電車が動くという一報があり、お客は安堵の息を漏らした。

窮屈な夜明かしだったが、見送りのとき聞かれたのは感謝と労いの言葉だった。ありがとうと言って泣き出すお客もいた。私が支配人と知るとわざわざ近づいて「鳥楓亭さんのおかげで忘れられない夜になりました」と声を掛けてくれるお客もいた。従業員の真心がすべてのお客に伝わっていた。

ぞろぞろと出て行くお客のなかに津川、奥原の姿を探したが、捉えられなかった。鳴海もいつの間にか帰ったようだ。

全員を無事に送り出し、ロビーの片づけをする従業員には充実感があった。自分が判断し、行なったサービスに満足している。

「もうひとつの物語をつくるお手伝いができたね」

里奈が上野に言い、見合って微笑んでいた。ダンス猫カーニバル実行委員会での活動が二人の距離を縮めたようだった。

「みんな、できることをした」

満足そうな設楽を中心に集まったサービススタッフの数人が静かに涙を流していた。

「皆さん、ありがとう」

私にはそれしか言えなかった。女たち何人かが私に腕を回し抱きついてきた。心が温まって満たされた。

「僕も支配人とハグしたいです」

小澤が私の肩をぎゅっと抱いた。続いて明美も、上野も、栞も、幸穂も、私と抱き合った。何人もの従業員と抱き合い、労い合った。言葉のない静かな時間だった。

「さあ、朝食の準備だ！」

松田が言った。

「あっ、リネンサプライに電話しまーす」

上野もそう言って、皆が持ち場に散った。

私たちが目指していた旅館の姿がそこにあった。

私が信じてから、従業員は、仕事をつくるようになった。私が彼らを大切に思うようになってから、彼らにはお客を大切にしたいという熱意が生まれた。そして、出会ったお客にもうひとつの物語をつくるお手伝いをすることを、こんなときでも忘れていなかったのだ。


事務所にはあずさと瀧本がいた。

「ご苦労さまでした。戸川さん、徹夜してくれたのね。ありがとう」

あずさは、蛍雪園との連絡など、よく動いてくれた。

「早く家に戻れよ」

瀧本がぞんざいに言ったので、私は居心地が悪くなった。

「分かってる。昨日借りた車のカギ、返すわね」

あずさは瀧本にカギを放り投げ、私に、お先に失礼します、と言って部屋から出て行った。二人の普段着なやり取りに、私は戸惑った。

「どういう関係？」

少し声が震えた。

「妹ですよ」

瀧本がボソリと答えた。

「えっ」

「母が、再婚した先が氷屋だったわけです。パートで入ったのも、私の紹介です」

瀧本は、いつものように無機質に言った。

「従業員はみんな知っていますよ」

私が赴任してから、二人は身内の素振りをまったく見せなかった。

「知らなかったわ」

「支配人が私に興味がないだけですよ」

「そんなことないわ！」

私の声は、どやどやと入ってきたサービススタッフの声にかき消された。

潮風信金の支店長の津川から呼び出しがあったのは、その翌日だった。

群発地震に続く豪雨。鳥楓亭がどん底から回復しそうになると、障壁が立ちはだかる。渓流は、前夜の雨で水嵩が増え、釣り人が対岸に渡る岩がすべて水面から隠れていた。それは、進む道を失った私の前途のようだった。

だが、諦めたくはなかった。

それは瀧本も同じで、ＲＳＪが入ってから上昇した口コミ総合評価をグラフにして、稼働率との相関関係を分析した資料を新たにつくってくれた。それを前回の資料と併せて携えた。支店長に直談判できる最後のチャンスなのだ。

通された応接室には、先客がいた。その顔を見て私は腰が抜けるほど驚き、万事休すだと思い定めた。

「おお。甲斐さんか……」

ソファーに座っていたのは、鳴海だったのだ。

「日曜日は、いつ帰られたのですか？」

「朝方だよ。夜の握り飯のなかのサケ、うちのだよ。うまかったろう？」

「ありがとうございます。私の口までは……。残念ながら」

鳴海の隣に腰かけ、バッグから書類袋を出した。

「やぁ。日曜日は大変でしたね」

ドアを開け、入ってきた津川は、一人掛け椅子に座りながら言った。後ろに奥原が続いた。

「お部屋をご用意できなくて、申し訳ありませんでした……」

「夜明かしさせてもらったんですよ。鳥楓亭さんのロビーで」

津川が、鳴海に説明した。

「そうでしたか。ご挨拶できませんで、不調法しました」

鳴海は借金があっても、いつも通り豪胆で、縮こまっている私とは対照的だった。

「アネックス建築で、亡くなった女将に融資をしたのは私が融資課長のときだったんです。それからあちこち異動して、ひと月前この街に戻ってきました」

それは初耳で、鳴海も私も少し驚いた。

「今日わざわざお二方にお越し願ったのは、鳥楓亭の今後を虚心坦懐に話したかったんです」

書類袋から資料を取り出そうとすると、

「ご依頼については、奥原から報告を受けています」

と、津川は私を制した。前回奥原は、信金の方針として抵当権の実行に言及していた。

「実は、アネックス建築時の当庫の融資判断が間違っていたのではないかと、ここ数年、悩んでいました」

津川の意図を読めなかった。鳴海も同様のようだ。

「しかし、甲斐さんが見事によみがえらせた。あなたはすごい人だね」

津川は、急に親しげに言った。

「亡くなった女将は、本当にこの街を愛していて、私はその心に打たれました。甲斐さんはその心根も受け継いでくれた。おとといは感動しましたよ」

生前、家族と確執があったという女将は、全エネルギーを、鳥楓亭を守ることに賭けていたのだろう。

そのとき鳴海が、私のほうを見ずに、

「支店長さん、私ね、……もう限界ですわ」

と、言い放った。鳴海は、カーニバルが終わって、売却の時期を見ているのだろう。

「鳴海さん、待ってください。この資料を見てください。口コミ評価と稼働率の関係から、今後の収入予想をしました。不運がなければ、鳥楓亭はよみがえっていたんです」

私は、必死で声を出した。

「たらとか、ればとかはダメだよ、甲斐さん。事実は事実だ」

津川は、私たちのやり取りを、うなずきながら見守り、しばらくしてまた話し始めた。

「鳴海さん、信用金庫はこの地域に支えられています。そして鳴海さんの直販所もこの地域の繁栄に無関係ではない。そしてこの地域のいやさかは鳥楓亭のような旅館あってこそです」

津川が言わんとしていることがまっすぐに伝わった。

「われわれが地域の繁栄を置き去りにして己の利益だけを追求していたら、結局自分の首を絞めることになる」

それは真実だった。奥原が、善人面で相槌を打っている。

「それをね、鳴海さん、私は鳥楓亭で夜明かしした夜、従業員の皆さんに教えられました」

鳴海は、目を閉じて聞いていた。

「温かい皆さんです」

津川は、私の大切な従業員の働きを見ていてくれたのだ。誇らしかった。私の死に場所は鳥楓亭しかないと、大げさではなく思えた。

津川は、体を鳴海に向けた。

「鳴海さん、鳥楓亭を手放してはいけないんじゃないでしょうか」

その言葉が意外で、私は声を出せなかった。鳴海はうーんと唸ったきり、黙ってしまった。

「私は鳥楓亭さんの力を見ました。この温泉街で今後影響力のある旅館となっていくと思います」

それは、私が目指している理想の旅館像だ！

津川は、瀧本がつくってくれた資料と、実績表、資金繰り表を鳴海の前にそろりと置いた。鳴海が、重い動作で少し体を起こして資料を手に取ったので、津川も私も黙った。

奥原がへらへら笑いながら、

「鳴海さま。私がこう言ってはなんですが、鳥楓亭を手放すことは、土地建物だけじゃない、あの人的資源を無にすることになるんじゃないでしょうか……」

とおべんちゃらを言ったが、思いがけなくそれは的を射た言葉だった。

しばらくして、息のような声で、鳴海がポツリと言った。

「家内は、この街を愛していましたか……」

そのあと津川は、鳴海が五千八百万円分の元金の滞りを清算することを条件に、返済条件の変更に応じる用意があると伝えた。二・○％という低い金利で、二十年返済にスケジュール変更するという提案だ。それが叶えば月々の返済額は今の二分の一になる！

鳴海の考え一つだった。

駅前の潮風信用金庫を出て、そのまま電車に乗り、ＲＳＪの本部へ行った。前日、伊勢谷と青島には、潮風信金の支店長に会うことは伝えてある。交渉の顚末を報告しなければならない。

ミーティングブースで待っている間、急に武者震いがした。どうしても伊勢谷に聞いてほしい願いがあるのだ。

唯香がドアを開け、沙枝、伊勢谷が後ろに続いた。

「青島くんは、今日は外回りなんだ」

伊勢谷が椅子に座りながら言った。いつものことだが、唯香は勝ち誇った顔をしている。まるで私が唯香の部下で、その指令で動いているかのように。

「どうしたの、甲斐さん？」

伊勢谷に訊かれて、私は言葉が見つからず、潮風信金の返済予定表を見せた。鳴海の元本をコピーさせてもらったものだ。それを見ると伊勢谷は沙枝に手渡し、

「甲斐さんがやったの？」

と言った。

「はい」

「いくらで折り合ったの？」

ことの顚末は伊勢谷にはお見通しだった。

「五千八百万です」

「ふうん。その金は？」

「鳴海さんに……」

「へえ。よく出したね」

もし鳴海が津川の申し出を承諾しなかったら、ＲＳＪと鳥楓亭とのコンサル契約は終わっていたのだ。私は、どうしただろう。伊勢谷に出したのは、返済予定表ではなく、辞表だったかもしれない。

沙枝は、静かにうなずいて、紙片をテーブルに置いた。

「鳴海さんは亡くなった奥さまの遺志を継ぎたいそうです」

「ふむ」

「引き続きＲＳＪに託したいと、言ってくださいました」

鳴海が、あの場でリスケの条件を飲んでくれたことは、まるで夢を見ているような出来事だった。

「なんだかんだ言っても亡くなった女将のことを愛していたんだね」

私の「願い」は、まだ黒字に転換していないが、五％下げた従業員全員の給料を元に戻してもらうことだ。それが叶わなければ、三十三人の恩に報いることができない。もし伊勢谷から「虫のいいことを言うな」と叱責されるなら、唯香の前では嫌だと思った。

変な間ができて、促されているような気がした。

「それで、社長。長期借入金の比率が下がります」

「うん」

「実は、お願いがあるんです」

「ふむ。給料のこと？」

伊勢谷は、間髪を容れず言った。

「はい。元に戻してください。お願いします！」

私はテーブルにつくほど深く頭を下げた。

「五％だったね」

「はい！」

「いいでしょう」

伊勢谷は数字まで頭に入れていた。鳥楓亭のことを見守ってくれていたのだ。私の肩からやっと力が抜け、ふーっと吐息をついたとたん、涙が溢れてきた。

唯香は、沙枝がテーブルに置いた返済予定表を乱暴に摑んだ。

「どういうことですか⁉」

「甲斐さんが信金に掛け合って、鳥楓亭の返済を楽にしたんだよ」

伊勢谷が説明した。

「あんなに嫌がっていたのに、どうしてこんなに頑張れたの？」

と、沙枝は、もの柔らかく訊いた。

「私、誰一人解雇せずにこのまま進みたいんです」

鼻水をハンカチで拭った。従業員のサービスが、支店長に鳥楓亭の底力を示し、鳴海をも動かした。それができたのは全員の思いの力だ。

「いっぱしの支配人になったじゃないか」

この部屋で鳥楓亭の支配人を命ぜられたとき、伊勢谷は、コスト削減は重要だが、それは一面だと言った。その言葉に私は憤慨したのだ。

しかし伊勢谷と沙枝は、現場で大胆にマネジメントしろと言って、私を送り出した。今になってその意味が分かる。私にこの体験は必要だった。本部の机上の作業では、人という資源のマネジメントを身につけることはできなかったし、こんな喜びも手に入らなかった。

「永田さんも頑張ってるけど、甲斐さんを見習ったらいいね」

伊勢谷が、唯香に諭すように言った。

「えっ。どういう意味ですか？」

唯香は、伊勢谷の意図が分からないらしく、私を睨み据えた。

「そんな要求は無茶ですよ」

沙枝がとりなした。

「永田さんが、甲斐さんまでになるにはもっとたくさんの経験が必要です」

唯香は口をへの字にして口惜しさを堪えている様子だった。

伊勢谷は、私の肩を叩き、称賛して見送ってくれた。


私は、責任の重さを痛感していた。潮風信金から借りた金を必ず返し、津川の厚情に応えたい。そしてこの再生を何が何でも成功させて、鳴海には甲斐さんでよかったと言わせたい。

一方で、返しても返しても債務の減らない苦しみの日々が終わることに、安堵がこみ上げた。従業員の給与を元に戻せる！　誰も辞めさせなくていい！　その現実を噛みしめ、喜びを実感したのは、帰りの電車だった。

鳥楓亭をもっと強くするために教育に経費を使いたい。珠珠庵のように他の旅館を視察に行ってもいいし、外部のセミナーにも参加させたい。地域活性にも力を入れて、この街とともに繁栄する道を歩みたい。

駅から鳴海に電話した。改めて礼を言いたかったのだ。

「甲斐さんはたいしたもんだ。女だてらにあの従業員をまとめて……」

鳴海は、相変わらずのジェンダーハラスメントだが、褒めてくれた。

「これからは、利益が出ます」

「コンサル料の三倍かい？」

「それ以上にします」

「青島さんが言ったこと、ホラじゃなかったんだ」

「分かりません。でも私は現実にします」

鳴海の豪快な笑い声を聞きながら、腰を折って最敬礼し、電話を切った。

駅から出て、最初の小路を曲がると、緩やかな坂になっている。赴任したのは、一年以上前だ。あのときは怒りをもってこの角を曲がった。

カフェ・カエデの花壇の真っ赤なサルビアが見えた。旅情を誘う美しい通りだ。街路のクヌギが黄色く色づいている。少し歩くと、テラコッタの踏石と木製のデッキがあり、その背景に本館の遠州瓦の屋根と木の壁が見える。

アネックスを通り過ぎ、本館の前まで来て、私は感極まった。このなかに、従業員の思いが詰まっている。毎日見ている景色が、ひときわ愛おしい。しばらくたたずんで眺めた。

そのとき脇の通用口から出てきたのは、瀧本だった。潮風信金の津川に呼ばれたことは、瀧本しか知らない。首尾を気にしていたのだろう。私の顔を見て、

「うまくいったんですね」

と言って歩み寄り、両手を握った。

「支配人、よく粘りましたね」

「私じゃないの。みんなが鳴海さんも信金も動かしたの」

私は、それ以上何も言えなかった。瀧本は、握った手をしばらく離さなかった。


事務所に着くと、デスクの電話が鳴った。青島だった。

「エリンギ、本当?」

「本当」

「よくやったなぁ」

「まぁ、苦労が人を強くするっていうことよ」

青島は「正直言って再生は無理かなぁと思っていた」と告白した。青島への恨み言は失せていた。私にとっては鳥楓亭でのすべての出来事が、苦しみながら生い育つ体験だったのだ。

「近くに三間瀬《みませ》離宮《りきゆう》って旅館あるだろう。うちでやることになったよ」

青島は、話題を変えた。

「へえ。買取り?」

「いや。オーナーがいる」

鳥楓亭から歩いて五分の場所にある二十五室ほどの小ぢんまりした隠れ家旅館が、再生対象になったという話だ。

「永田がさ……、支配人に手を挙げたよ」

「えーっ!」

「今日会社で大泣きしたらしいよ。沙枝さんになんか言われたって話」

唯香は、沙枝に「甲斐さんのようになるまでには経験が必要だ」と言われ、よほど悔しかったのだろう。

「そのタイミングで、三間瀬離宮の話があってさ」

「思い切ったわね」

「来月早々着任するよ」

唯香は賢いし、好感度の高い容姿は接客に向いている。彼女が旅館をどのようにマネジメントしていくのか楽しみだったし、応援したいと思った。


ダンス猫カーニバルからひと月は、紅葉見物の客で温泉街は書き入れどきだ。

一息ついてから、かかわったものが町役場に集まって、振り返りをすることになった。

役場前のイチョウの葉が落ち、一気に冬枯れの景色になっていた。

大盛況だったカーニバルを、通年開催とし、いよいよ街を潤していこうという狙いだ。

「高須さんが、起訴されたらしいです」

役場の玄関で、阿久津が、石橋と私にこっそりと言った。

「一歩間違えば、人身事故になっていたかもしれないし、証拠が十分だったので」

「桐の屋の女将は?」

「家には帰されていますが、何度か呼び出されているようです。望郷楼さんに偽の予約を入れた事件にも絡んでいたらしいから」

そのとき、他のメンバーが入ってきて、この話は仕舞になった。

水曜会のメンバー、実行委員会のメンバー、学生、鳴海、羽生田が顔を揃えた。

まず、人出などの報告を阿久津が行ない、参加者の声や改善点について石橋が続けた。

「石橋さんのこと、尊敬しました。アイデアを実現させる行動力、すごいっす」

学生たちに言われ、石橋が頭を掻いた。

「これで、来年も開催になるし、協力する旅館は増えますよね」

地元出身の上野は嬉しそうだ。

「羽生田さん、今年は賛成派、反対派なんて旗幟《きし》が分かれちゃってごめんなさい。来年はもっと理解してもらうようにします」

私が言うと、羽生田が瞬きをしてうなずいた。そのとき目頭をつまんで涙をぬぐったように見えた。羽生田は生まれたこの街を大切に思っているのだ。

この日のメインイベント、石橋が撮影した映像の映写会に移った。

スクリーンに駅の全体が映し出された。

改札から大勢の観光客がぞろぞろと到着する。皆楽しそうだ。鳴海の海産物直販所で買い物をする人、海辺食堂で海鮮丼を食べる人から当日の活気が伝わる。

次は、猫メイクを行なっている蛍雪園内のロビーの様子だ。観光客が駅前にずらりと並んだ模擬店を利用するシーンがそのあとに続く。

町の体育館にはカーニバルの出演者が集まっていた。壮行会が行なわれたあと、続々と出発していく。パレードのダンスや変装のクオリティにはグループ間で大きな差があったが、その凸凹《でこぼこ》感も地方のイベントらしくて、微笑ましかった。

小型トラックに括りつけた大掛かりな張りぼての山車があるおかげで、祭りらしくなっていた。石橋渾身の記録映画だった。

「レオタードの猫ダンスは色っぽかったねぇ。どこからの参加？」

見終わるとすぐに鳴海が言って、阿久津が、

「確か横浜のストリート系のダンサーですよ。来年も来てほしいですねぇ」

と、鼻の下を伸ばし、にやついた。

皆のリクエストで、再度映像を流した。自分を探したり、感想を述べたりしながら、全員が大笑いして映像を見た。そのとき、晶子が、

「止めて！」

と言って、立ち上がった。

「今のとこ、ちょっと戻して、……そこそこ。止めて！」

近隣の大学学生寮の有志が、軽トラックの荷台につくった猫型の山車の映像だ。晶子が

スクリーンに駆け寄って指さしたのは、張りぼて猫の足元で動く本物の猫だった。

「これ、オカミじゃない！」

シルバーと黒のトラ模様、ふてぶてしい姿はまさにジェニファーだ！

「オカミだ！　無事だったんだ」

桑原が叫んだ。

「オカミ、また太ってるなぁ」

ジェニファーをかわいがっていた石橋は、殊更嬉しそうだ。

「きっと大学の寮に居候しているんだわ！」

晶子が胸の前で両手を握った。

不鮮明な画面だったが、ジェニファーは大音響のパレードのなかでも動じず、一回り太ってあのデビルのような顔であくびをした。

「永理子さん、これからやで。きばりや」

ジェニファーの声が、私にだけはっきりと聞こえた。

おわりに

二年前、「女性が主人公のお仕事モノで、リーダー向けのビジネス書」を書こうと構想を練っていたとき、私の発想はリゾート施設で働く女性支配人に飛びました。なぜなら、ちょうどそのころ私の会社フレックスコミュニケーションは、株式会社ワールドリゾートオペレーション（リログループ）のマネジャー研修を行なっていたからなのです。

ワールドリゾートオペレーションは、リゾート施設のコンサルタント会社で、まさに社員をホテル・旅館の支配人として派遣し、集客の支援や収益の改善を行なっていました。

社長の田村佳克氏の理念は「リゾート施設で働くのは人。収益改善と人づくりは再生成功の両輪である」というもので、そのキーとなるリーダーの育成を、われわれがお手伝いしていました。研修の目的は働く人の思いを引き出し、マネジメントに生かすことです。田村氏の哲学をそのまま研修のメインテーマとしました。

女性活躍ストーリーの執筆にあたり、舞台を考えたとき、ワールドリゾートオペレーションの施設を見学したときの記憶がよみがえりました。旅館の再生という難しい課題に取り組む社員と、お客さま第一を喜びとしている従業員の皆さんが、私のなかで動き出し、このストーリーの登場人物となったのです。

とは言っても、物語の鳥楓亭は架空の施設です。あえて日本中どこにでもありそうな旅館を舞台にしました。新任マネジャーが部下の支持を得られず、悩み、試行錯誤することは、旅館に限らず、どの業種、どの組織でもあることです。支配人の甲斐永理子は、あなたかもしれません。

さて、あなたはリーダーとして成果を出していくために、どんなマネジメントをしているでしょうか。やらなければならない業務を効率よく進めていくための管理が中心の人もいるでしょう。たとえば、数字の割り振り。作業実施のスケジュール、担当決め。進捗管理と顧客対応。

そんなあなたとともに働くメンバーは、日々やれと言われる作業に追われ、忙しく立ち働いていても、やがて「これが本当にやりたい仕事なのか」「いったい何のためにこんな苦労をするのだ」と虚しさを感じるときが来るかもしれません。

その対策として、ビジョンや理念を掲げる企業が増えました。どの企業もかっこいい言葉が並んだ「ビジョン」をホームページに載せています。しかし従業員が、そこに表された姿に到達したい、という強い意欲をもたなければ、それはただの飾り物になってしまいます。

ですからリーダーは、メンバー一人一人がビジョンを大切にする働きかけをしなければなりません。それは、メンバーとたくさんのコミュニケーションを取ることです。その結果「達成場面が描けて、そこに向かいたい」「信頼するリーダーや仲間と力を合わせたい」「そもそもそれがやりたくてこの仕事を選んだはずだ」などと『仕事に対する思い』が明確になれば、メンバーの心のエネルギーはふくらみます。

メンバーは、リーダーとの会話から、ビジョンと自分の思いをつなげ、組織目標に向かえるのだと思います。一方通行の命令では成し遂げられません。

『思いをマネジメントする』ことは、どのような職種でも、とても大切なことです。今回は、それを老舗旅館を舞台にして表しました。料理人、宿泊担当、仲居さんなど一筋縄ではいかない人たちを永理子が束ねていく過程を、是非あなたのマネジメントの参考にしてください。

播磨早苗（はりま・さなえ）
（株）フレックスコミュニケーション代表。北海道札幌市生まれ。ＨＢＣ北海道放送にアナウンサーとして勤務後独立。コミュニケーション、心理学、自己表現、コーチングなどを学び、２００１年フレックスコミュニケーション設立。第一三共、ＪＲ東日本、ネスレ、住友商事、昭和シェル石油、ＪＡＬなど大手企業での活動実績をもつ。マネジャー研修、プレゼン研修、チームビルディング研修、女性管理職のためのコミュニケーションセミナーなどのほか、ラジオ、テレビ出演、講演なども活発に行なっている。『目からウロコのコーチング』『リーダーはじめてものがたり』『えっ、ボクがやるんですか？』など著書多数。

ブックデザイン　小口翔平＋岩永香穂（tobufune）
本文イラスト・カバーイラスト　丹地陽子
ＤＴＰ　美創

ストーリーで学ぶ最強組織づくり
宿屋再生にゃんこ

2018年1月25日　第1刷発行

著者　播摩早苗
発行者　見城 徹

発行所　株式会社 幻冬舎
〒151-0051 東京都渋谷区千駄ヶ谷4-9-7
電話　03(5411)6211(編集)
03(5411)6222(営業)
振替　00120-8-767643
印刷・製本所　株式会社 光邦

検印廃止

ISBN978-4-344-03250-7 C0093
幻冬舎ホームページアドレス　http://www.gentosha.co.jp/

この本に関するご意見・ご感想をメールでお寄せいただく場合は、
comment@gentosha.co.jpまで。